JN118673

ヤマケイ文庫

# 穂高に生きる

## 五十年の回想記

Imada Jutaro

今田重太郎

Y. L.
Yamakei Library

穂高岳山荘初代、今田重太郎

重太郎新道建設当時の重太郎夫婦と紀美子（左の三人）

# 目次

# 序

今日、穂高を語る人として今田重太郎さんの右に出る者はあるまい。今から半世紀前に穂高小屋を開き、爾来《じらい》名ガイドとして、山小屋の主人として、文字通り穂高と共に生き、穂高の哀歓を身を以て体験している人である。登山道の開発だけでも一冊の本を綴れるであろうし、遭難救助の活動だけでも何冊かの本を綴れるであろう。また明治時代からの穂高登攀《とうはん》者の思い出を綴るとなったら、厖大《ぼうだい》な穂高登山史ができあがってしまうにちがいない。

そうした今田重太郎さんが、こんど『穂高に生きる』一巻を上梓《じょうし》する。生きた穂高の歴史を概括的に知るにはこれ以上の本はあるまい。一読襟を正さしめるもののあるのは、生涯を穂高に賭《か》けた人が、穂高の心を一番よく知っている人が、穂高について語っているからである。
穂高小屋をめぐっての氏の回想は壮大である。随処に氏の夢も、氏の悲しみも、氏の悦《よろこ》びも、宝石のようにちりばめられてある。山に関心を持つ人にはぜひ読んで貰《もら》いたい山の聖典である。

井上　靖

昭和四十八年七月

# 槍穂高連峰詳細図
〈昭和48年7月1日現在〉

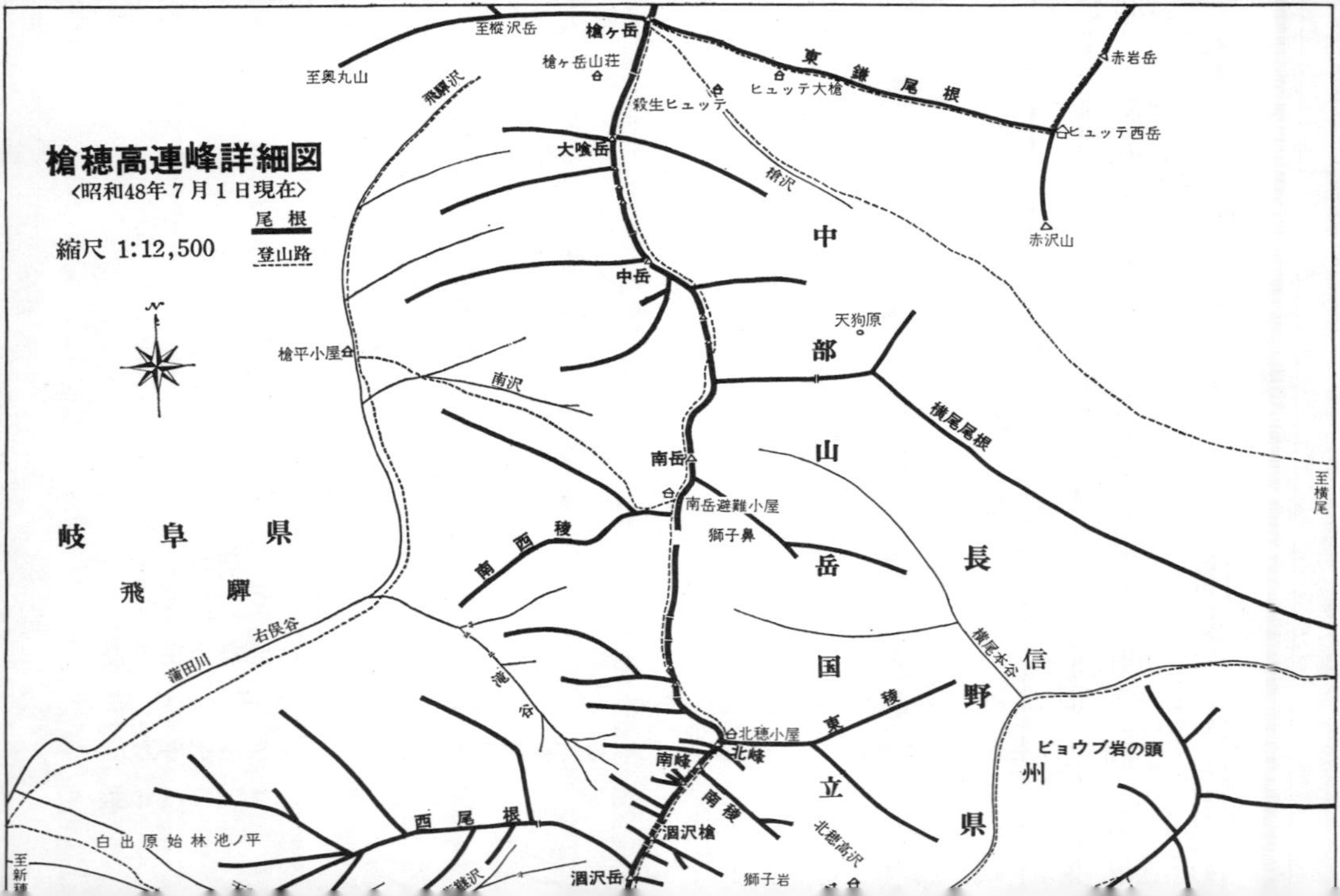

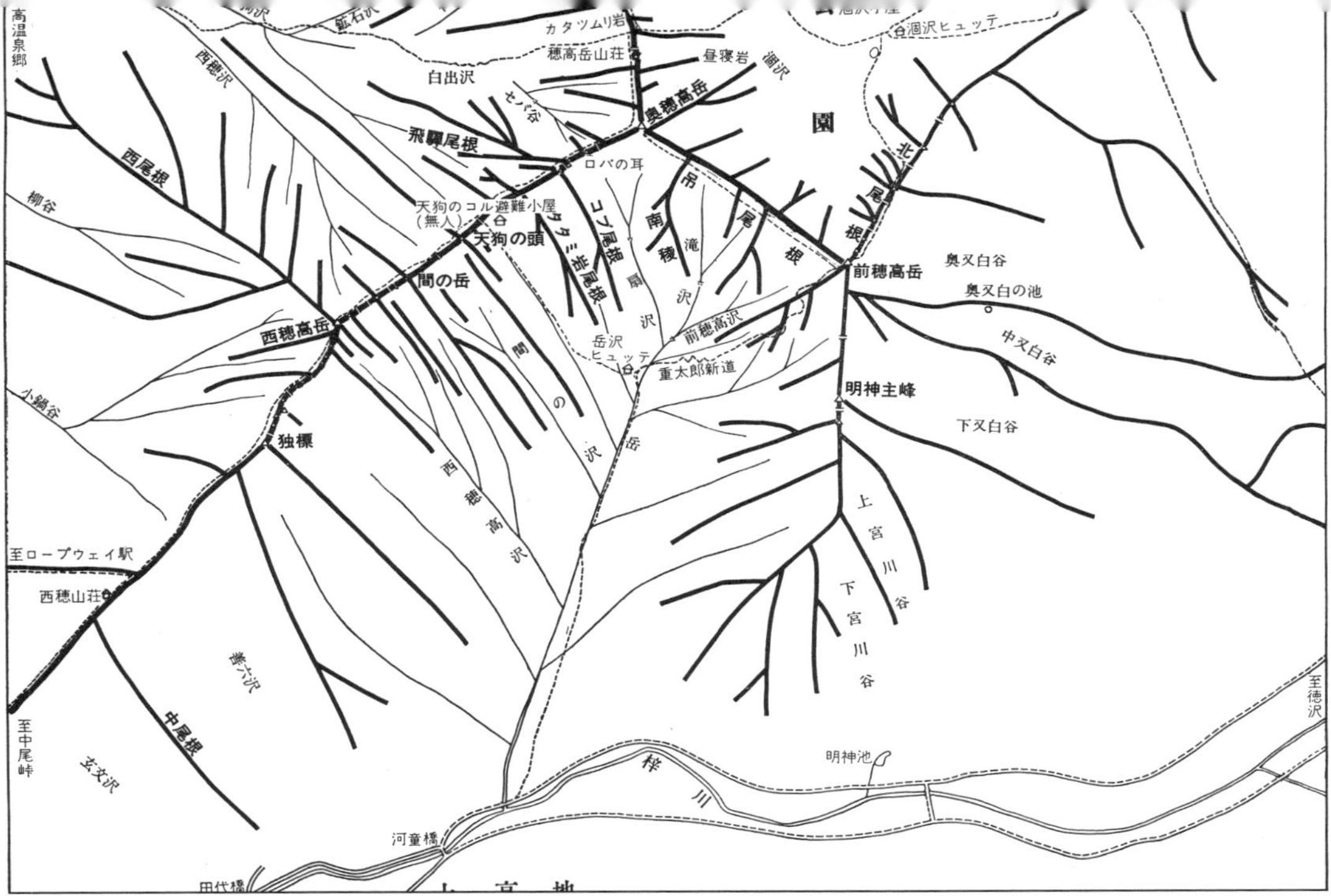

高温泉郷
西穂沢
鉱石沢
カタツムリ岩
涸沢ヒュッテ
穂高岳山荘
昼寝岩
涸沢
白出沢
セバ谷
奥穂高岳
園
飛騨尾根
西尾根
ロバの耳
北
尾
根
吊
尾
根
南
稜
滝
柳谷
天狗のコル避難小屋
(無人)
天狗の頭
コブ尾根
ジャンダルム
畳岩尾根
扇
沢
前穂高岳
奥又白谷
奥又白の池
間の岳
西穂高岳
前穂高沢
岳沢
ヒュッテ
重太郎新道
中又白谷
間
の
沢
明神主峰
小鍋谷
独標
岳
沢
下又白谷
西
穂
高
沢
上
宮
川
谷
至ロープウェイ駅
西穂山荘
下
宮
川
谷
善六沢
至徳沢
至中尾峠
中尾根
玄文沢
梓
川
明神池
河童橋
田代橋

装　丁　朝倉久美子
カバー鳥瞰図　五百澤智也「穂高の涸沢と岳沢」より
（デジタルデータ提供：千葉県立中央博物館）
DTP　千秋社
写真提供　穂高岳山荘

＊本書は一九七三年、読売新聞社より刊行された『穂高に生きる―五十年の回想記』を底本としています。
＊今日の人権意識に照らして考えた場合、不適切と思われる語句や表現がありますが、著作の時代背景とその価値に鑑み、そのまま掲載しています。
＊文字づかいに関しては、一部、体裁を整え、難読な漢字にはルビを補いました。
＊原作品における注記は（　）で示し、今回新たに加えた編註は〔　〕内に示しています。

# 生い立ち

# 飛驒の山の湯

槍ヶ岳の西から発した右俣谷と、さらに西の樅沢岳から流れ出た左俣谷が新穂高温泉のところで合して蒲田《がまた》川本流（神通川水源）となるが、これからしばらく下って中尾と栃尾の中間の右岸に、湯脈を硫黄《いおう》岳（焼岳）に発する蒲田温泉がある。すなわち岐阜県吉城郡上宝《かみたから》村神坂で、明治三十一年十二月十四日、私はここに生まれた。

開湯はいつのころか、つまびらかでないが、上代から開けていたらしい。なぜならここよりやや上流の宝温泉（中尾口）からはいる中尾峠（昔は科乃坂《しなのざか》といった）が、飛驒と信濃を結ぶ要路として、日本書紀など各時代の文献に見えるし、近年まで鎌倉街道、信州道、善光寺道ともいわれてにぎわっていたことから、蒲田とその周辺がよき湯治場であったことがうなずける。また天正のころの文献にも「平湯より三里下、がま田と申す名湯御座候」とあり、「温《あたた》まりの蒲田の湯に七日つかれば、一年間は無病息災」ともいわれて、摂津有馬の湯（今の兵庫県・有馬温泉）と並ぶ名湯に推されていたということだ。

明治にはいって峠路がさびれても、農閑期にやってくる湯治客は相変わらず越中、越後、美濃方面から吹雪を冒し、積雪を踏んでやってきていた。さらに明治も半ばを過ぎると、日本アルプスの登山が盛んになって、飛驒側の基地として岳人の往来も多くなってくる。

私の生まれたころになると、富山方面の製糸工場の女工さんを主とする人々が、家族づれでどっと繰り込んできたものだ。

とはいえ、山深い蒲田温泉が豊かであったのではなく、何戸かの湯治宿はみな裏山の土地を耕し、木を切り出すことによって生活をうるおわせていた。私の生家の「今田」もいわゆる木賃宿だし、父の長右衛門は私をふくめて男六人女五人の十一人という子福者で、子供を外へ出すという習慣がなかったから、暮らしはたいへんだった。だから農耕に力を入れ、米のほかヒエやソバなどを植えてかなり忙しかった。しかし、自家で食べるお米は祭りとか盆、正月といった行事の日を除いては、土地の習わしからお目にかかれなかったのを覚えている。

だから子供のころ、お米のごはんやモチ、ウドンを作ってもらえる行事が、とても楽しみだった。おふくろさんが丸い木をくり抜いて作った大きなお椀の中で、粉を練ってダンゴを作り、大きな板にそれをのせて布をかけ、その上にのってふむ。目方の重いほうがいいので、私たち子供をおんぶしてふんでいたものだ。粘りが出てくると、こんどは丸棒でよく伸ばし、適当な大きさに包丁で切る。これを大ナベで煮て、ゆで上がったところでシタジをつけて食べるのである。

いかにも飛騨の食物という感じがするだろうが、これが手うちうどんでなかなかおいしいものだった。餅のつき方も普通とちょっと変わっていて、数人の男女がまずモチ米を欅《けやき》の木をくり抜いた臼でよくつき、粘りが出てきたらこれを上が平らになった欅の臼の上にのせて、またキネでつき上げるのだ。この平らな臼を使うのは、この地方古来のものだという。

さて、素朴な生活を物語るものとして、拙宅に寄せられたつぎの手紙の一節をご紹介しよう。

「栗の木の手作りの下駄、太い鉄線に真綿を巻いた鼻緒、広い便所の片隅に小さな木片が束にして置いてあり、二回目に用便にいった時初めて何に使うものか合点がいきました」

もう皆さんとっくにお気付きのことと思うが、かつての山里の生活の一端を伝えて余りあるものであろう。

当時の蒲田川流域、つまりいまの新穂高温泉郷は、まことに幽邃《ゆうすい》境というにふさわしかった。冬の白銀から春は新緑、秋の紅葉と、笠、錫杖と穂高、焼にはさまれた渓谷美は独特の風格をもって、見る者に迫ってきた。蒲田川もきまった水量がとうとうと流れて豪快だったし、両岸にはネコヤナギの大木がびっしりと植わっていたものである。

また川にはマス、岩魚《いわな》が銀鱗をひらめかして、群れをなして泳いでいた。石を積んで流れをせき止め、上流から魚を追い込んで水をかい出せば、手づかみでもいっぱいとれたものだった。

いまはネコヤナギの大木もなく、マス、岩魚もごく少なくなって当時の面影はなくなったが、それでも〝第二の上高地〟として売り出す余地は十分に残っている。

こんな山里にも、明治三十七、八年の日露戦争の波がはいより、何人かの壮丁が日の丸の小旗におくられて出征していったのを、子供心におぼえている。そして奉天占領直後の、戦勝に浮き浮きした明治三十八年四月、私は上宝村第二尋常小学校に入学した。

記録によると、のちの日本山岳会初代会長となった小島烏水《うすい》氏が、白骨より霞沢、上高地から槍ヶ岳に登ったのは明治三十五年八月、燕《つばくろ》から常念岳を縦走したのは明治三十九年のこと。そして鵜殿正雄氏が上條嘉門次さんと息子の嘉代吉さんらの案内で、槍―穂高を縦走したのが四十二年のこととなっている。

私が尋常小学校にはいる前から二、三年にかけてのころなので、こうした先人たちのことは覚えていないが、嘉門次さんのことは私の兄の由勝が山案内と猟師をして親しくしていたので、少年時代に聞かされた山歩きやクマ、カモシカ狩りの話の中によく出てきた。

嘉門次さんは周知の通り、〝日本アルプスの父〟といわれるウォルター・ウェストン宣教師が、明治二十六年に前穂高岳に登頂したときも案内をつとめた人で、〝穂高の仙人〟といわれた。明治の中ごろから明神池のほとりに住み、穂高連峰から槍にかけての岩場を飛鳥のように歩きまわっていた。容貌は〝雷神のよう〟で足は〝類人猿の先祖のよう〟（ウェストン評）だったが、純情親切ですぐれた山案内人としてみなから慕われた。大正六年十月二十五日、七十二歳で島々の自宅で世を去った。

嘉門次さんとは年代がちがうし、明神にもっぱら住んでいたので面識はなかったが、その弟子の中尾部落の内野常次郎さん、愛称〝常さん〟は、私の案内人としての師にあたるから、私は嘉門次さんの孫弟子と呼ばせていただいてもいいであろう。

常さんのことについては、またあとで述べるとして、私の少年時代にたびたび噴火していた焼岳のことをお話ししよう。

# 上高地と焼岳の噴火

私たちの子供のころは、今の北アルプスは飛驒山脈といわれ、焼岳は硫黄岳、西穂高は前穂高と呼んでいた。国立公園に指定されたのもずっとあとのことで、私の青年当時は、右俣谷から槍ヶ岳に登ったが、まだ道はなく、谷の両岸をあっちこっちと渡りながら行くのだった。途中ゆき会う人もなく、山小屋もまったく無い時代である。

槍ヶ岳から神河内（上高地）に出るにも、冷たい川をあっちに渡り、こっちに移りして、ただ一軒の清水屋旅館にたどり着いた。そのころの上高地は牧場であり、松本へ出るには徳本峠《とくごう》を越して島々谷を降り、島々から乗合馬車に乗ったのである。

その後、河童橋のそばにできたのが五千尺旅館で、ここは梓川が狭くくびれた地点で、前面に穂高の連峰がそそり立ち、上高地の中心部で一番良いところである。主人の丸山尚さんは、上高地の宣伝には大変力を入れられてしだいににぎわうようになり、登山者ばかりでなく、観光のお客様もまた多くなってきた。そのころはまだ大正池もなく、小石を敷きつめた梓川の美しい流れが、化粧柳の大木の間を静かに光って見えていた。

上高地から飛騨に越すには焼岳の中尾峠を通るのだが、この道は昔から海のない信州と富山の最短距離として、海産物を運搬する本道になっていて、松本方面から島々、徳本峠、上高地を経て飛騨、富山へと結ばれていた。その昔、信州で「飛騨鰤《ぶり》」といっていたものは、富山の浜で塩をして運んだ塩ぶりのことであったらしい。また信州からは、牛が隊を組んで通ることがあった。ドシマ（博労）たちが、狭い道をホイホイとにぎやかに牛を追って降りてくるのを見たことがあった。たいていは蒲田の温泉に泊まり、牛は部落はずれの牛の爪切り場につないでいたが、兄貴たちの後からこわごわ見に出かけたものである。

またこの峠については道の修理が大変で、蒲田温泉でも年に一回は各戸から一名ずつ出役して、隣の中尾部落と合同で草を刈り、修理をしながら上高地まで出かけたものである。私も二度ばかり出たが、上高地まで行くと五千尺と清水屋から幾らかずつの報酬をもらい、一ぱいちょうだいするのがひどく楽しかった。最初のときに梓川があまりにきれいなので、水浴びをしようと飛び込んだところ、その冷たさに悲鳴をあげて飛びあがったことをおぼえている。川には岩魚が群れをなして泳いでいるころだった。

しばらく途絶えていた焼岳が、爆発をはじめたのはたしか明治四十年の十二月かと思うが、中尾の部落では頭上に見上げる猛烈さから大騒ぎとなり、牛を引き連れ、子供を背負って蒲田方面へ逃げてくる騒ぎとなった。幸いこの時は、大した被害はなく終わったが、それからは時々、大小の爆発が起こっていた。

私が見た大爆発の状況は、天高くふきあげる真黒な噴煙がムクムクと、たちまち巨大な「まいたけ雲」（キノコの一種）の様な形に広がり、その中で大小の石が飛びかい、火花を走らせ雷がとどろき、稲妻が目を裂き、大地がゆれ動いてほんとうにものすごいことであった。

この度重なる焼岳の噴火の降灰は、付近一帯の樹木を枯死させ、そのために降雨のたびにうず高く積もった降灰を押し出し、樹木の枯死によって根張りを失った山肌を削り、耕地を流し、荒れに荒れて今日見る様な荒廃した土地となったのである。千数百年間続いた、この地域で一番繁栄していた蒲田温泉が、一朝にして全滅したのが大正九年の六月のことであった。

もちろん信州側の被害も大きく、旧道は埋没したり崩壊して不通となり、大正四年には大地すべりを起こし梓川をせき止めて、あの有名な大正池を現出した。しかしこれは、今日の上高地の繁栄を助けた一大景観を造り出した点で、飛騨側とは話にならない対照的な出来事だったのである。

もっとも最近では、昭和三十七年六月十七日の噴火で、中尾峠の頂上近くから焼岳の中腹を斜めに約一キロメートルにわたって亀裂ができ、峠の小屋を破壊してしまった。それ以来危険とされ通行禁止となっていた。しかし上高地とは最短距離であり、不便も多く、年とともに必要に迫られ噴火の様子もまたいっこうにない。そのころ、弟の勝躬たちが中尾の温泉開発をやっていたが、部落の人々とはかり、何とか通路を再開させたいものと警察当局に通行禁上の解除を要請したが「自然現象は推定しがたく、もう大丈夫だといって通行を許すわけにはゆかない。万一の時の責任がある」とのことで、容易に解除の気配が得られなかったそうである。そこで一策を案じて、危険な場所を避けて前よりずっと西穂高寄りに新道を造るということで、ようやく各方面の了解を取り付け、工事は上宝村と安曇村両村で行ない、現在の新中尾峠ができ上がったということである。

今日では、老人子供でもたやすく通れる立派なハイキングコースとなっている。

常さんにすすめられて

私が小学校二年生のとき、つまり明治三十九年に弟の勝躬が生まれた。長女はすでに嫁に行き、次女は製糸女工として出かせぎにゆき家には長男・金次郎から次男・由勝、三男・私、四男・辰次郎と、男の子ばかりで、三女は幼かったので、この五男・勝躬を私はめんどうみてやらなければならなかった。母親（きん）もたいへんだったろうが、われわれ兄弟も女手不足でずいぶん苦労をしたのを覚えている。

しかしだからこそ、私たち兄弟は皆心が通じ合い、仲がよかった。長男、次男をなくし、六男は戦死、そして長女・はつ、二女・さよ、三女・ふさはすでに亡く、現在、私、辰次郎、勝躬、四女・しず、五女・まきの五人で、それぞれ旅館や食堂の仕事にたずさわっているが、いつも和気あいあいと話し合えるのはしあわせだと思っている。

山ふところの男六人兄弟が、みんな山案内を副業にしたのは当然だが、それを本業としたのは次兄の由勝と私だけだった。弟の友茂もガイド修業をしてめきめき腕をあげ、これからというとき兵隊にとられ戦死してしまった。しかし槍、穂高、笠などをわが庭のように歩き回っていた兄弟たちは、昭和二年、秩父宮様が穂高にご登山の折りは、全員そろって小屋でお手伝いして〝山男〟一家の光栄に浴している。

大正二年、上宝村第二尋常高等小学校を終えた私は、家業の「長右衛門」の農業を手助けするかたわら、すでに山案内をはじめていた次兄由勝にすすめられたりして、在郷軍人たちと槍や笠ヶ岳方面に登っている。

私が十九歳になった大正五年、七月の末だったと思うが、野良仕事を終わって帰ってくると父が、

「中尾の常さんが、笠ヶ岳から立山へ出るお客さんを案内するのに強力《ごうりき》が一人足らんといっとる。ひとつお前行ってくれんか」

という。私も笠から北へ縦走したことはなかったので、ぜひ行ってみたい気になった。

「じゃあ連れていってもらおう」

と、さっそく着替えて中尾の内野常次郎さんのところへいった。たくましいからだの常さんは、茶碗に酒をなみなみとついで差し出し、

「おう、行ってくれるか。お前さんも山の案内をするようになるとよい。それにはいろんな道を知ることだ。笠から立山もたいへんだが、教わることは多いでよ……」

と一気にしゃべった。私は茶碗酒をぐいとあおると、何か常さんのあたたかい人間的魅力にひかれながら山歩きをするようになるのではないか、と思った。そして「常さん、よろしくお願いします」と頭を下げたのである。

翌朝早く、私たちは中尾を出発した。一行は東京からの客、大関さんら三人と常さん、私の五人だった。いまの新穂高温泉を通って左俣谷へ、そして穴毛《あなげ》谷をさかの

ぼっていった。当時はクリヤ谷からクリヤの頭を登るコースは開かれておらず、穴毛の難路を越えて行かなければならなかった。また小屋などはひとつもあるわけはなく、常に野宿である。だから旅程日数分の食糧とナベ、カマ、そしてテントをしょって登るのだ。

ところが大関さんたちときたら、登る道々、石ころを拾ってはそれをためつすがめつしながら、気に入ったものを紙に包んで上になにやら書き込み、「これを袋に入れて」と私に渡すのである。私としたら大きな荷物をしょったうえに、たとえ小さな石でも何個となくたまって重くなった袋を持たされるのではたまったものではない。少々うらめしくなったので、常さんに、

「こんな石ころ拾い集めてどうするんでしょうね。重くてしかたないや」

とぐちったところ、常さんは、

「すまんなあ、この人たちは有名な地質学者で、この地方の地質の研究をしなさっとるんじゃ。学問のためだからがまんしといてくれや」

と気の毒そうにいうのだった。その常さんの顔をみて、もう何もいえなくなった。

笠ヶ岳から双六《すごろく》岳、三俣蓮華岳を越え有峰《ありみね》を経て、立山へ四日間にわたる縦走はかなりきつかったが、またそれだけに山の様相や肌合いを知る上に貴重なものだった。

とくに笠ヶ岳の頂上から、蒲田をはさんで穂高連峰と槍をのぞんだ感激は、いままでも忘れることができない。その景観は、それまで山ふところの蒲田で見なれてきたものとは、まったく違った荘厳さで迫ってきたのを覚えている。

また野宿では、大関さんたちはテントにはいって夜露をしのぐのだが、常さんと私たちはハイマツを切ってそれを組み立て、低くて小さな小屋の形をつくり、防寒具をすっぽりかぶってもぐり込むという寸法で、なかなか野趣たっぷりで味わいがあった。ハイマツの枝葉の間から、手に取るように近く見える峰々をあおぎ見ながら常さんは、

「こんなすばらしい眺めは、下界では絶対に見られん。山に登る者だけが知る特権じゃ。そして登る苦しみのあとのさわやかな楽しさ。きびしい山を自分の力で安全に案内できた満足感。どうじゃ、山案内人として立ってみんかな。嘉門次じいさんも年で、よう山に行けんようになったし、わしかて同じ案内の若いもんがほしい。重太郎も三男じゃけん、おやじさんも許すというとるがな」

と、しきりに案内人になることをすすめたのである。この山旅を終えて、私のハラはほぼ決まったといっていい。

常さんとしては、嘉門次さんが年で明神小屋に引っ込んだままだし、同僚にあたる大井庄吉さんともあまり肌が合わなかったので、若い私を案内の跡継ぎとして育てた

かったのだと思う。私は常さんのような根っからの野人でなく、そうかといって俗人にもなりきれぬ男なので、果たしていい山案内人になれるかどうか迷った。すでに槍方面に小林喜作、中村喜代三郎、穂高に松井憲三、中島作之助、立山に佐伯平蔵、宇治長次郎といった大先輩たちが、山案内人として多くの実績を残している。これから私のやれることは……と考えた。

しかし北アルプスに、スポーツあるいは今でいうレジャーとしての登山時代の夜明けがやってきつつあることを強く感じていたから、よし、ここで私なりの新しい境地を開いてみよう、そして穂高に多くの山好きの人々を案内し、ともに語り合うこともすばらしいことではないか、と思ったのである。

余談になるが、翌八月に東久邇宮《ひがしくにのみや》様が上高地から槍ヶ岳に登られたのをきっかけに、槍沢から右へ二ノ俣谷をのぼって大天井、燕への縦走路がひらかれた。

こうして私は、それから三、四年、常さんの山案内には助手としてできるだけ参加した。この間、日本における初期の若手登山家、大島亮吉、早川種三、岡部長量、板倉勝宣の各氏らと知り合い、北アルプスをすみずみまで歩きまわったが、この経験がその後の私に大きくものをいったのである。

とくに蒲田から双六岳、そして富山県の秘境といわれる有峰から太郎山を回って帰ってくる十日間のコースは、有峰部落のほかに人とほとんど会うことがなく、いまではとうてい考えられない山旅だった。

## 北アルプスの夜明け

大正七年、私は徴兵検査を受けたが、第一次世界大戦が終わった年でもあるし、世情はかなり騒がしかった。連合軍にくみして景気はよかったものの、国民の間には日清、日露のあとを受けての戦争だけに、厭戦《えんせん》的気分が流れていたように思う。私ははじめ海軍を志願したのだが、鼻がやや悪いためにハネられていた。こうして検査の結果は、騎兵の甲種合格だった。しかしクジで七番を引き、兵役をのがれた。軍備縮小のため、当時は三番までは兵役に服し、四番からは服さなくてよかったのである。山里育ちの私は、海にあこがれていたから、二年ばかり海軍暮らしするのもまたよかろうと思っていたのに、このほうはみごとに当てがはずれてしまった。

こうして私の、常さんの助手としての山案内と、農耕およびきこりの生活がつづけられることになったが、大正七年の八月一日のこと、岐阜から徒歩で高山を経由して蒲田にやってきた兵庫県の大蔵さんという方が、私の「長右衛門」に泊まり、三日に笠ヶ岳へ登りたいといわれた。このときは兄の由勝が案内する予定だったが、三日早朝、富山の連隊へ点呼に出かけなければならなくなったため、私が代わりにお連れすることになった。

三日の朝、私たちは穴毛谷からのコースで笠ヶ岳へ向かったが、実はこの日、有名な〝米騒動〟が富山でもちあがっていたのである。もっとも山深いこの地方では、そのような騒動の及ぶべくもなかったが、第一次世界大戦中の景気の波による騒然とした世情は「いまになにか起こる」ことを感じさせていた。二日後、下山して中尾を越え、上高地へ出る途次、そのニュースを聞き暗い気持ちになったことを記憶している。

大蔵さんはこの山行きが初めてであったが、これ以来すっかり山にとりつかれて、毎年夏は必ず登るようになり、日本山岳会にも入会されたと聞く。当時二十五、六歳で私より五歳ほど年長だったから、現在八十歳くらいになられているはずだが、まことに元気な方だった。いろりを囲んで兄のクマ狩りの話に、共に耳を傾けたことなど、ついきのうのように思い出される。

この大蔵さんのような山の愛好者がぼつぼつふえてきて、北アルプスを探検しようという要素から、登りやすいコースをゆっくり楽しんで山旅するという風潮がおこってきていた。この登りやすいコースというのが、嘉門次さんをはじめ、小林喜作さん、松井憲三さんといった山案内の先輩たちが、危険をおかし経験をたよって切り開いていったもので、その積み重ねがあってこそだれもが登れる登山道が整えられていったのである。（大正十四年のことだが、松井憲三さんのガイドで藤木九三氏〈朝日新聞記者〉が飛騨側の困難な滝谷〈井上靖先生の『氷壁』の主人公魚津恭太遭難の舞台〉の初登高に成功した同じ日、早大山岳部の四谷、小島両氏も登高したが、このとき兄・由勝は早大隊のガイドをつとめていた。）

と同時に、一般の人がテントからナベやカマ、米をしょって登り、野宿するという不便さを解消するために、山小屋を頂上付近や中継地点に作る必要に迫られてきた。そこでこの前年（大正六年）、北アルプスに最初の小屋——槍沢小屋が建設された。松本の人で、山岳写真家として有名な穂苅三寿雄さんが、それまでは赤沢岩小屋か坊主の岩小屋（槍ヶ岳の開祖・播隆上人が用いた石積みの広い岩室《いわむろ》）しかなかったこのコースに、独力でつくったのである。大正の終わりだったか、対岸からの雪崩でつぶされ、その後に建てたのも火事で焼けて、いまは高い石垣を積んだバラック建ての小屋になっているが、氷河地形のU字谷——槍沢のど真ん中に埋没している味はまた格別なものだ。

大正八年には常念岳の常念乗越《のっこし》のところに常念小屋が建てられた。大天井岳から常念岳を経て蝶ヶ岳への縦走は槍、穂高を一望に眺められるパノラマ・コースとして人気があるが、大天井から西岳を経て東鎌尾根をつめて槍へ登る喜作新道のまだできていなかった当時は、この常念乗越が登山要路にあたっていてかなりのにぎわいを呈していた。そこで北アルプスの小屋の中では二番目に古いものになったわけである。

ついで大正十年に、赤沼さんが燕岳に燕《つばめの》小屋、槍ヶ岳の東鎌尾根側に大槍小屋を、翌十一年には小林喜作さんが槍の真下、槍沢を登りつめたところの岩室をなおして殺生小屋をつくるなど、つぎつぎと小屋ができてきて北アルプスは急速に開けてきた。そして槍から穂高へのけわしい登山も、専門の登山家ばかりでなく一般の人たちが行なうようになったのである。

## 蒲田温泉の全滅と復興

大正九年六月は、月半ばから雨が多く、二十日ごろには連日大雨続きであった。蒲田温泉はこれまでに何回かの洪水でつぎつぎと荒らされ、台地は段々に狭められ、反対に河原は広くなる一方だった。五軒の旅館と売店一軒に付属建物など十数棟が、山のすそに抱きかかえられたかっこうで残っていた。冬はどの旅館も、五十名内外の湯治客で大変にぎやかなのであるが、六月ごろはほとんど人の気配もなく、村人は百姓仕事と養蚕に精を出しているのであった。

月末の二十八日、心配していたことが事実となって現われた。連日の雨もやや小降りとなり、朝食をすますころには薄日さえ射して、人々の顔も明るさを取り戻したかのようであった。しかし気がつくと、川の水が異状に少なくなっており、水の干上がっているところさえでき、若者や子供たちが岩魚を捕らえている。その時、年取った人々がいっせいに「川があぶないぞー」と、あっちこっちで叫び出し、老人子供を裏山の一段高い材木運搬のトロッコ道へ避難させた。

午前八時ごろであったか、一瞬、なんともいえない地鳴り振動がしてきて、前面の岩石だらけの広い川原が、ムクムクと動き出した。俗に「ダシ」といっている山津波だったのである。

焼岳の降灰で、樹木の枯れた山肌が長い雨でゆるみ、いたる処で大地すべりを起こして狭い谷を埋めつくし、それに水をたたえて一気に急斜面を押し出して来たものである。その圧力で、数百メートル先の川原が動き、周りの山や林を岩石と倒木と泥の渦に巻き込み、つぎつぎに崩壊してゆくのである。その恐ろしさはたとえようがないものだった。

わずかな台地に残っていた蒲田は、もう一たまりもなかった。一番上流にあった喜左衛門（谷口）が、まず崩れ落ちて濁流にのみ込まれていった。全く「あっ」という間の出来事だった。私の家のすぐ上流に、九尺（二・七メートル）に二間（三・六メートル）の薬師堂があった。これも渦巻く濁流の餌食となり、姿が見えなくなってしまった。

私の家は十二間（二一・八メートル）に八間（一四・五メートル）の大きな建物だったが、その前半分が土台下をえぐられて濁流にたたき込まれ、わずか間をおいて残った後半分も、また濁流にのみ込まれてしまった。

人々と共にぼう然とそれを見守っていた私の目に、家の流れた跡の少し入江になった崖ぎわのところに、なにかが浮いてぐるぐる回っているのがうつった。よくよく見るとそれは今流されたはずの、薬師様の御本尊のようではないか。急いで飛び込み抱きあげて見ると、まさしく御本尊だったのである。幾重にも包み込まれた建物の中に安置してあったものが、元の位置とほとんど変わらない場所に浮いていたとは、何とも不思議でならなかった。

蒲田の人々は土地建物品物はもちろん、神様も仏様も形のあるものは一切合切を流失したが、この薬師様の御本尊がここに残られたことは、温泉がまだなくならない証拠である、蒲田温泉は間違いなく復興できるお知らせであると固く信じ、一同くじけないで立ち上がろう、がんばろうと誓い合ったことであった。

幾日かたち、水の引いたあとの川原を調べて見ると埋めつくされた源泉のあたりにわずかながら温泉が出ていた。果たして復興は間違いないものと、一同は飛び上がって喜び合った。それからは家屋の再建に、食料の確保に私たちは全くの死にもの狂いだった。親戚知人から何かと贈られた時のうれしさ、特に小学校校長であった中野善太郎先生が、広く物資を集めてくださったことは、終生忘れられないことである。

中野先生は、この地域の登山開発の大先達で、私の兄の金次郎と二人で白出沢を登り、奥穂高、天狗岩（今のジャンダルム）を経て西穂高に至り、小鍋谷を下る初縦走（山岳界公認）をされた方である。

温泉の復興については小さな部落のことであり、苦しい生活のうえでのことであり、また大きな資本を投ずることのできるはずもなく、十数年の間は野天の風呂を利用してきた。それでも天然の温泉を利用できるというので、他に温泉のない時代のこととて、みんなにうらやましがられた。しかしこの野天の風呂も、引湯の工事も毎年の雨期には荒れ狂う河川のために埋没したり破壊され、また造る、また壊されるということを数十年繰り返していたのである。

ある時は信州のブローカーが、共同の事業にすることを条件に掘削をしてみたこともあるが資金が続かず、腰を折って帰ったまま姿をみせず、ご破算になったこともある。またある時は、近在の人たちと手を結んで事業（ボーリング）を進めてもみたが、これまたなかなか見通しがつかないまま、二十年三十年の歳月が過ぎてしまい、協力していた人たちも一人手を引き、二人去りで、また元の蒲田の人たちだけ残った。

残った人たちは、温泉あっての蒲田であるとの信念は消えず、何としてでも掘削を続けて昔日の蒲田に復活させる夢を捨て切れず、私が山を終わって下山するのを待ち構えていたようである。その日は、私は平湯に用があり、蒲田を通りぬけて平湯に泊まっていた。そこへ本家の兄金次郎と谷口源蔵君の二人が訪ねて来た。用件は「何とか資金の調達を頼む」との事であった。

私は三十三年前のあの水害の日、薬師様の御本尊を自分のこの手で濁流の中からお救いして、みんなと涙を流して温泉復興を誓い合った光景を思い浮かべ、薬師様は人を救う仏様であり、あの考えられないような状況の中で蒲田に残られたのである、温泉は復興しないはずはないと思われるので、二人にもその話を語り、支払いに回すべき売り上げの大半ではあったが、そっくり貸すことにした。そうして私のこの金を持ち帰って、ボーリングを続ければ、必ず温泉が出るからと、二人を元気付けて帰した。

それから四、五日目だった。百度以上の温泉が、中天高く噴きあげたのである。大正九年の蒲田全滅から三十三年目の昭和二十八年のことであった。

## 私の兄弟

前に少し触れた私の兄弟について、もう少しくわしくご紹介させていただきます。

■長兄・金次郎（故人）

非常に温厚で思いやりが深かった。大正四年八月中野善太郎とともに白出沢を登り、史上未踏の奥穂高、ジャンダルムを経て西穂高を初縦走し、柳谷を下降している。大正十二年七月には秩父宮様最初のアルプス登山のとき、大槍登攀ご案内の光栄に浴し、濃霧の中の槍ヶ岳絶頂を極めた。四年後の昭和二年、再度のご登山のときには、穂高小屋ご宿泊の夜、お言葉をいただき、ご一行の皆さんと同室を許された。また蒲田へ下山のときには、特に宮様から仰せ出されて、今田に立ち寄られ御休憩の光栄に浴している。

父が五十歳で病気となった後を引き継ぎ、多くの兄弟の長として、家業の旅館から田畑の経営に努力した。昭和三十二年に六十七歳でなくなったが、本家の長男・勇は旅館の経営のかたわら、県警の北ア山岳遭難救助隊の隊長として活躍している。

■次兄・由勝（故人）

性格は兄弟中もっとも剛毅で、少々セッカチであった。なかなか理想家のところがあり、いろいろの構想も持っており、地域の将来を語る時などは真剣であった。そのころすでに今の鍋平高原の原始林を開いて、湯のさこ（今の新穂高）の湯を引っ張りあげて、理想郷をつくりたいなどと話し合ったこともあるという（国府、西野氏）。ガイドとしては、中尾の中畠政太郎とともに各山岳部の皆さんに愛され、常に山を歩いていた。東京などにもよく招待されて、話題をまいていた。大正十四年八月には小島六郎さん、四谷竜胤さんのパーティーに同行して、穂高滝谷の初登攀に成功したことは有名である。その前日、各山小屋へ「明日は滝谷へはいるので、尾根を歩く人は小石一つも落とさないように」とフレを回す慎重さも持っていた。

かと思うと、秩父宮様が双六小屋（村営、当時由勝が管理していた）にお泊まりのとき、早朝出発のうす暗い入口で殿下が、靴のほこりをはらっていた弟の辰次郎に言葉をかけていられる時、うしろからブリキ罐の火鉢の熱いのを両手で持ちながら、殿下のうしろ姿とも気付かず、「アツイ、アツイ、どいた、どいた」と飛び出してきた。

とっさのことで殿下も「ホー、ホー」と片寄られたそうで、気がついてさっそく失礼を謝ったが、かえって殿下からじゃまをしていたと謝られるので、ますます恐縮したという粗こつの一面をのぞかせている。

子だくさんで、戦時中の食料難時代を克服するため、山地を借り焼畑を造って穀類の収穫をはかり、さらに桐の木を植林するなどなかなかの働き手であった。趣味は盆栽で、これは玄人《くろうと》の域に達していたように思う。その遺品は、同じ趣味を持つ長男が引き継ぎ立派に育てている。

■四男・辰次郎

辰次郎は私のすぐ下で、蒲田温泉が流失した時は二十歳だった。気の早いところがあり、今田家再建の協議が始まると、飛び出して近くの山で家で一番大事な杉の木を切り倒し、話を決定的にしたことを今でも自慢にしている。私が穂高小屋を造る計画をたてた時も、当時、殺生小屋にいた辰次郎が人夫を連れて、ムシロを背負って出かけ、室堂のような石積みを造ってくれた。大正十三年八月末のことで、穂高小屋の基礎を造ったわけである。

若いうちは殺生小屋や上高地の五千尺旅館にいてガイドをやり、夏が終われば木材を処理する杣《そま》、木挽《こびき》の仕事を手伝っていたが、本家の再建、私の建物、槍肩の小屋、双六室堂、槍沢小屋などの素木《そぼく》製材はほとんど手をかけており、晩年は一重ヶ根《ひとえね》、平湯のお宮様の仕事までするようになり、すっかり玄人になっていた。

秩父宮様ご登山の折りには、物資運搬の宰領《さいりょう》をするかたわら、殿下のぬれたお召物、靴の手入れなど身の回りのものの整理をおおせつかっていた。現在は平湯温泉で食堂、旅館を経営している。

## ■五男・勝躬

勝躬は、私が子守りをしたのであるが、いつも耳を引っ張ってカンの強い子であった。男の六人兄弟の五番で、一人だけ都会へ出かけた変わり種であった。蒲田の流れたとき十五歳であったが、その当時、平湯温泉に篠原無然といわれる先生がおられ、その方のお世話で東京へ出ることになった。水害の直後のことで、人から恵まれた着のみ着のままの姿で上京さしたものである。

東京ではある高等学校の寄宿舎の給仕をしながら苦学を続け、中学校へ通っていたが、不幸なことに三年目の十二年九月の関東大震災にあい、九死に一生を得ていったん帰郷したが、再度上京して電々公社に勤めながら勉強をした。戦前から戦中戦後を通じて、東京の中央にあって首都の通信事業にたずさわっていたが、病気にかかったり空襲にも何度かあって、幾度か死線を越えながら昭和三十年退官した。

昭和三十七年、郷里の中尾高原に、義弟とともに温泉掘削事業を始め、数年間苦労していたがついに成功して、現在の中尾温泉の基を開いた。四十年には奥飛騨山荘を建てて旅館を始め、四十七年には富山県の山奥から三百年を経た大合掌造りを移築して、中尾の里に偉観を添えている。

著書に『飛騨と無然』『篠原無然小伝』がある。

■六男・友茂（故人）

おとなしいがしっかりした子で、秩父宮様が登山された昭和二年に十五歳で穂高小屋の手伝いをはじめて以来、ずっと山へきて手伝っていた。体格がよく昭和八年に甲種合格で入営し、除隊後は一時神岡町の三井鉱山に勤めていたが、間もなく支那事変に召集されて、上海、呉淞《ウースン》の敵前上陸で負傷し、回復して原隊へ復帰、蘇州の守備など三年余りも中支で戦い、金鵄勲章も受けている。

ガイドの方も優秀で、昭和九年十二月、京大の朝鮮白頭山遠征の際は、飛騨のガイドとして選ばれて参加し、また十年の十二月、千島・国後《くなしり》島のチャチャヌプリ遠征隊にも参加して活躍していた。昭和十五年に横浜の鶴見にある鋳物工場に就職し、勤勉振りと腕を買われ将来を嘱望されていたが、十七年の秋、大平洋戦争に再度の召集を受け、南方ガダルカナル島のそばのニュージョージア島ムンダに上陸、昭和十八年七月の末、一か月にわたる激戦ののち、最後の戦闘で破甲爆雷を抱え、敵戦車の前に飛び込み自爆したそうである。

## ■義兄・内方重蔵

内方重蔵は家内の兄であるが、私より五つ年下である。私が穂高小屋を始めた翌大正十四年から今日までのほとんど一生を、私の片腕として助けて来てくれた。

体格は頑丈で、性質は真面目であるから、岳人には愛されてきた。山荘の名物男で、遭難の救助の時などは、私と、あるいは私の代理として若者を引き連れ、はせ参じたものである。

若い者の面倒をよくみ、若い者に慕われていた。現在七十歳で、毎年山に登り私のあととり英雄を助け、若い者たちを督励している。

# ガイド修業と穂高小屋開設

## 案内人組合の誕生

北アルプスにつぎつぎと小屋が開かれて、一般の登山客にも登りやすくなったことは前にのべた通りだが、同時にこのころから日本の登山技術もぐんと進歩して、直登の非常に困難なルートを切り開いていこうというベテラン級登山がさかんになってきた。

すでに北アルプス全域を踏破し、本場のヨーロッパ・アルプスにいどんだ槇有恒さんが、大正十年（一九二一）アイガーの東山稜を初登攀に成功して、日本山岳界のために気を吐いたことも、大きな刺激になっていただろう。こうして慶応や早稲田、北大、学習院などおもな大学や高校に山岳部、あるいは旅行部が創設されていった。またスキーによる白馬、槍、乗鞍、富士などの冬季登山もはじめられている。

案内するのはたいてい山をよく知っている猟師で、大町の喜作さんも、上高地の嘉門次さんも、中尾出身の常さんもみな猟師だった。飛騨側では中尾部落の作之助さん、忠太郎さんなどが常さんの猟師仲間で山案内に出かけていた。私ら青年たちは、強力としてこれらの先輩に連れられて山に登り、地勢とか気象、火のたき方、野営の位置などを覚えていった。

当時、栃尾小学校の中野善太郎先生が、登山の開発に大変努力され、この先生の肝いりで蒲田の兄金次郎、沖田信安、中尾の西谷元春、滝沢喜一郎さんなどが中心となり、蒲田口案内人組合が組織されることになった。大正四、五年頃のことである。範囲は主として栃尾、神坂、中尾の方々で三十名以上の会員が集まったので、まず案内技術の勉強と地勢の勉強を、先輩猟師を講師として学び、登山道の改修、新道造り、道標の建立など組合の事業として行なった。

そのころから各大学に、次々と山岳部が創設され、私らの組合も大いに利用していただいた。特に慶応の槇さん、早川さん、大島さん、学習院の松方さん、岡部さん、早稲田の舟田さん、小島さん、四谷さんなどは大変に親しくしていただき、一般の登山技術からザイルの結び方、ピッケルの使い方などを習得した。お陰様で各会員の質も大いに向上したわけである。またスキーが、この方面に初めて持ち込まれたのもやはり学生の方々で、自然に組合員のスキー技術も上達した。飛騨側スキーは、この奥飛騨のほうから発達したといってもよいくらいで、後にスキー大会などでは大いに活躍したものである。

組合員の活動としてはずいぶんあるが、私の知っているもので主なものを幾つか拾いあげてみるとしよう。

大正三年八月、中野善太郎が双六谷方面にくわしい大倉弁次とともに、小島烏水の双六谷の遡行探険に同行。

大正四年八月、中野善太郎と今田金次郎が白出沢を登り、奥穂高ジャンダルム—西穂高へ初縦走を行なう。

大正十二年七月、秩父宮様最初のアルプス登山の際、今田金次郎が槍ヶ岳—穂高縦走のご案内の光栄に浴し、槍ヶ岳に登る。穂高は天候が悪く中止。

大正十四年八月、松井憲三は藤木九三と、今田由勝は小島六郎、四谷竜胤と、穂高滝谷初登攀にそれぞれのパーティーに同行して覇を競った。

昭和二年八月、秩父宮様の穂高—槍—笠逆縦走の際には、内野常次郎、中畠政太郎、今田重太郎の三名が上高地の大井庄吉とともにご案内の光栄に浴し、特に政太郎は宮様の小槍登攀のご先導をつとめ、重太郎は大槍登攀にご同行をつとめた。

昭和四年八月、渓谷探険の権威冠松次郎の半か月にわたる双六谷周辺の探険の際には、大倉弁次、中島忠太郎が案内人として同行している。弁次は下佐谷の出身で「双六谷」方面に精通しており、組合でもその方面のガイドにはもっぱら大倉さんが当たっておられた。

昭和九年十二月、今田友茂は京都大学山岳部の冬期極地法による朝鮮白頭山登頂に際して、同遠征隊が日本のガイド訓練をも兼ねて行なうということで各県下から一名ずつ、信州の大和由松、越中の佐伯宗作、飛驒からは友茂の三名が推薦され同行した。昭和十年十二月、今田友茂は千島・国後島チャチャヌプリ冬期登頂に一員として加えられ、大いにわが組合の名を高めた。

このほか、杉本為四郎は、おとなしく控え目なところが気に入られ、七十歳を越してなお案内をしていた。大島亮吉氏の遭難の折りも、パーティーの人夫として岩小屋に待機しており、悲報を東京へ打電するため夜中の徳本峠越えを強行したことは有名である。

これらの事績は、日本の登山界の大先輩のみなさんの、若い時代に寄せられた好意のたまものであり、微力ではあってもそれぞれの立場でお尽くしできたことをうれしく思っている。

その後、爆発的に登山熱が高まり、自然と道も整備され、山小屋も随所にできて追々に案内人、強力の必要がなくなり、大いに活躍した案内人組合もいつしか自然消滅のかたちでなくなった。そしてそれにかわって、活躍しなければならなくなったのが遭難救助隊ということで、全く感慨深いものがあるのである。

## 双六谷、薬師岳探険当時の思い出

大正七、八年ごろの夏であった。飛騨高山の山刀クラブの一行が、双六谷探険に行くことになった。案内人は下佐谷部落の猟師高田（勘）さん、強力三人を含め一行十数名である。

双六谷は巨岩、岩壁の連続と樹木の覆いかぶさった渓谷である。谷の水はすきとおっており、浅く見えながらはいってみれば思いのほか深く、両岸が迫って人の通れないような大淵がたくさんある。その周囲の色の変化によって人々は、黒淵、青淵などと称していた。岩魚なども、人を恐れないので手づかみにできる。われわれ一行は食事の時には手分けをして、釣りをする人、たき火を起こす人、魚の串を作る人、釣り上げた大岩魚を料理する人といったぐあいである。ウイスキーを片手に、取り立ての岩魚を焼いて食う昼食などは何ともいえぬ楽しいものである。

こういえばばかに気楽な道中に思えるが、双六渓谷には未だ道という道のないころで、岩壁で先へ進めなくなると谷の狭いところで、向こう岸に届きそうな立木を選び、川の反対側の幹をハツリ込み、川側を薄く残して橋になるように押し倒して、懸け橋を造りながら向こう岸へ移って遡行する、或る時は岩壁に自分のひげをこすりながら手がかり、足がかりをさがして、横ばいになって行かなければならない所があった。この岩壁をひげスリの岩壁といったが、その恐ろしい岩壁を必死になって渡り終わりしばらく川原を行くと、今度はキンチヂミと呼ぶ岩壁に行きあたる。そこは数か所のチムニーを通過しなければならないところで、何度となくキンタマが伸び縮みするのである。こんな岩場の連続している谷にも、時には広い川原もある。ここから谷は二分し、左は蓮華谷であり右は双六池に通ずる谷である。一行は右の双六谷を登る。ここからは大した岩場もなく、草地のあるゆるい登りであり、予定通り双六池へ着いて池のほとりで野営した。

それから二、三年後の大正十一、二年の七月初め、慶応の早川種三、大島亮吉ほか数名の登山隊が、双六谷から北ノ俣岳、薬師岳へ一週間程の予定で登山された。案内人は下佐谷部落の猟師大倉徳松であった。私も強力としてお伴した。一日目は双六谷を遡った金木戸部落泊まり、二日目双六谷沿いの山伝いに、北ノ俣谷に入って岩場で野営した。この年は雨が多く、天候はグズついた日の連続であったが、その夜もついに大雨となり、朝になると谷は増水してあふれそうになっていた。幸い谷を離れた岩場の野営だったので助かったが、今日の谷登りは不可能になった。しかし食料の都合で滞在することもならず、道のない山越えをして山之村部落にたどり着き、三日目の宿とした。ここで米四斗を都合し、人夫二人を頼んで越中の有峰部落まで送ってもらう手はずを決めて、西谷の下りにかかった。この谷で岩魚十数尾を手づかみでつかまえ、有峰の宿へ持ち込んで山菜などといっしょに大きな鍋で煮込んで食べたものである。五日目は太郎山へ向かい、間川谷を登り途中で昼食をすませて徒渉にかかった。その時、突然増水して鉄砲水が押し寄せてきた。全く意外な出来事ではあったが、幸い行動を起こしていたので退避が早く、危ないところであったが全員無事であった。これは当時、きこりが材木を搬出するのに谷川の水をせき止めて淵をつくり、あるいは一度に水を放出して、材木を運び出すという方法をとっていたので、それに運悪くぶつかったものである。

有峰から薬師岳への道は有峰薬師様の参拝道であり、手入れは行き届いていた。太郎山で野営、毎日の雨で到るところに池ができており、水には不自由しなかったが、たき火をするのにぬれ木ばかりなのには全く困った。夜中の大雨で、天幕の中に水が入り込み、疲労していて眠りこけていても寒さのために目を覚ましてしまう。こんな時にはほとんどずぶねれになっており、ブルブルふるえがくればもう寝つくこともできず、夜明けを待つばかり。朝を待ちかねてたき火を起こし、食事をすませてようやく元気を取り戻すといったぐあいである。

六日目、太郎山の上からながめると、無数の小池ができており、まさに天上の星を下に見るようにきらめいていて、まことに絶景かなであった。薬師岳を無事往復して再び太郎山で野営、黒部平、双六池に泊まりを重ね、十一日目に蒲田温泉へ帰着したのである。

このころの登山はまだワラジ、菅《すげ》のハバキ〔脚絆のこと〕をはく時代である。私どもが山で服を着たのは、昭和二年秩父宮様のご登山の際、四人の案内人がカーキ色の登山服をそろえて着用したのが初めてである。

このワラジのはき替え用が、人数の多い時には一人前の荷物くらいの量になるのである。もちろん寝袋や天幕などはあまりないので、差し引きはちょうどであるが、私ども強力や人夫には天幕などは全くありつかないので、野営というより野宿といった方がピッタリときたものである。鍋も鉄鍋で今のようにニューム〔アルミニウムの略〕の軽いものがあるわけではなく、ばかばかしいほどの重いものであった。普通三〇キロの荷物を背負ったものだ。

野営地に着き、設営、夕食の仕度でひとしきりてんてこ舞いをし、食後は朝食の準備をすまして就寝、朝は夜明けと同時に朝食にかかり、弁当をつくり荷物を整理して背負子《しょいこ》にくくりつける。このくくりつけ方がまた熟練を要する。品物によってはあちこち突っ張るものがあるので、上下左右をうまくして中心をつかむのがコツである。出発はできるだけ早いほどよろしい。モタモタしていてはその日の行程にもさしつかえ、ひいては遭難の原因にもなるのであるから、真剣にならざるを得ないのである。要するにあわてないで急ぐことである。

野営についてはこんなことがある。双六谷の川原に野宿した時であった。天幕はなく川原の石をならして、その上に防水マントを敷いて寝るのであるが、昼間の太陽で温められていた川原の石は、寝ついたころは温かくてよいが、夜中になって冷えてしまうとなかなか寝つかれず、転々としているうちに朝をむかえてしまった。

ところが双六池のほとりで野営した時は、ハイマツを寄せて低い小屋を作り、松葉を敷いて寝たら、これはホカホカと温かく熱を出し、また柔らかくもあって朝までグッスリと眠ることができた。それにしても若い時は、どんな寝方をしても不思議に風邪なども引かなかったものである。

そんな私たちの生活の中で、一番苦労したのはご飯炊きである。山中でも、森林帯以上のアルプスでの炊事は薪にするものもなく、ハイマツでたき火をするのでなかなか燃えてくれない。ことに雨でも降り風でもあるときなどは、良いご飯どころか口にすることができれば結構だというものさえたくことはむずかしいのである。できるだけ乾いていそうな薪を積み、その上に鍋を乗せ、周りにハイマツを立てならべて風除けをつくり、その上にもハイマツをかぶせて屋根をつくって雨をよける。時間をかけてでき上がった鍋は、ハイマツの灰の底になっているから掘り出して、静かにご飯の上を取り去って食べる。また鍋や釜のない時には、米を布に包むか袋に入れて水につけ、土に埋めてその上で火をたき、ころ合いを見はからって取り出せば結構食べられるようになっている。とにかく雨の中でまたは生木でご飯がたけるようになれば、一人前といわれてきたものである。

また谷合いの野営は、十分に場所を見極めることが大切で、この二回の山行きでも幾度か水の厄にあい、間一髪のところで難をのがれている。谷川の水は増水も早いが、引くのも早いものである。慎重に行動することが何よりも必要であると思う。

## 初めての槍、穂高岳の縦走

子供のころから硫黄岳（焼岳）、槍ヶ岳へは何回か登っていたが、強力としては十九歳のとき、常さんと笠ヶ岳から立山へ登ったのが最初である。穂高連峰はまだまだ未開の地帯であった。その槍、穂高縦走の強力として誘われたのが二十一歳の大正八年であった。それは未知の山へのあこがれの実現であった。

案内人は、飛騨もその最奥にある信州との境を接する中尾部落の中島作之助さんで、彼は冬は内野常次郎さんたちと、信州の上高地からこのあたり一帯にかけて、クマやカモシカをとる猟師仲間であり、山には明るい人であった。

槍ヶ岳から南岳までは大きな岩場もなく、山に馴れた私にはそんなに苦しい道中ではなかったが、南岳よりキレットの降り口までできて事態は容易でないことを知った。見おろすところ、どこをどう降りるのか、人の踏み跡もないのである。それでも勇を鼓して、人々の後ろから恐る恐る手がかり、足がかりを見つけて降りはじめた。背には鍋や釜その他、一ぱい背負っている。当時はまだ浮き石が多く、ちょっと石をころがせばつぎつぎと落石を誘ってゆく危険さである。自分より下に幾人もの人が進んでいるのであるから、慎重に慎重にといわれてかえって足がすくむ。大切戸《きれつと》から北穂高への登りは岩壁の連続でこれまた驚くばかりであり、槍ヶ岳はすでに踏み跡がかすかにあったが、穂高連峰はまだまだ未踏の地なのであった。北穂頂上に登ってみたものの降りるところがなく、後戻りしたり、右に左に回ったりして行く始末であった。

その日は、涸沢岳最低鞍部から涸沢へ下る途中の岩小屋に泊まった。この岩小屋は四、五人は楽に利用でき、近くに水もある便利な所で、このあたり一帯の唯一の野営地で、多くの若人が神秘を求めて満天の星をながめながら、青春の夢を結んだところである。

この岩小屋は後年、大雪崩のため一〇〇メートル余りも押し出され、またまた二個の大石の上にすわり、さらに大きな岩小屋となった。終戦後、松本市の深沢正二氏が松本営林署より借地をして、夏の住み家に利用している。最初の岩小屋の跡はそれこそ跡形もなくなり、遠い思い出のみとなってしまった。

翌日は再び時間をかけて尾根を登り、涸沢岳と奥穂高の鞍部へ戻って、奥の頂上を極めたが、数年ののちこの鞍部に自分が住むようになるなどとはゆめ考えもせず、ただ何時間も苦労して往復しなければならないむだを思うに過ぎなかったものである。

奥穂の頂上では、はるか西方の豪壮な岩塊から西穂に連なる稜線、奈落に切れ込んでいるような飛驒尾根の条痕、そして水音遠い蒲田川の渓谷を見おろして、数年前に兄金次郎が中野善太郎と二人でこの奥穂から西穂へかけて初登攀した壮挙を思い浮かべたものである。奥穂から吊尾根、前穂頂上の三角点で休み、岳沢を降り上高地へ到着した。

この縦走中、他のグループに出会ったのは前穂高の鞍部のところでただ一組だけだった。それは案内人を連れた上高地西糸屋の次男の方であったが、驚いたことにはその方は一本足の不自由なからだで、松葉杖をついて登ってこられ、さらに奥穂高の頂上へ登られるとがんばっていられたのには全く驚いた。いったい一枚岩など、どうやって登って来られたのであろうか。

その険しさで私を驚かした穂高も、二、三度縦走するうちに岩にも馴れ、魅力にひかれ、次第に穂高があこがれの場所となったのである。

私らの子供のころの穂高は、飛驒側では今の西穂高を前穂高、前穂高を明神岳、焼岳を硫黄ヶ岳と呼び、ジャンダルムもそんなシャレた名前でなく天狗岩であった。当時の五万分の一の地図を見てもそのようになっている。飛驒と信州とで違う呼び方をしていたものを、明治の末年かに陸地測量部が調査の際、現在のように統一したものである。

もちろんジャンダルム（番兵）も、いつの間にか学生が主峰奥穂高に対する前衛的な岩峰として名付けたものが、そのままこの名称となってしまい、そして宙に浮いた天狗の名称は、当時無名の今の岩峰につけたわけである。なお、ジャンダルムと西穂の中間にある峰を「間《あい》ノ岳」とし、奥穂高から前穂高に続く縦走路を「吊尾根」、前穂高からさらに北方に延びている尾根を「前穂北尾根」と命名して統一された。

道らしい道はなく、方角を見極めながらあちらこちらと足場を探して、浮き石ばかりの上を歩くわけで、一度天候が急変すれば、直ぐにも遭難につながる有様だったのである。したがって当時の登山者は、一人でも三人でも団体はことさら、必ず案内人や強力を連れたものである。

山小屋も大正六年、穂苅三寿雄さんが槍沢に、その後、槍のすぐ下に小林喜作が殺生小屋を造り、喜作死亡後の大正十一年からは中村喜代三郎さんがそれを経営し、あとは涸沢に五、六人収容できる自然の岩小屋が一か所あっただけである。岳に登るには必ず、鍋釜からやかんに食糧と、野営に必要な道具一式を強力が背負って、もちろんお客、ガイドにしても若ければ、それぞれ相当の荷物を背負っての登山だった。

槍、穂高を一日で縦走するには、よほど熟練した健脚家でなければできないことで、手と足を使っての登攀で手袋など一日でダメになってしまったものである。そのころは槍から北穂へかかり、北穂と涸沢岳の鞍部からいったん涸沢側に下り、岩小屋に一泊して、翌日は今の穂高岳山荘のある鞍部〝白出のコル〟へ登り、奥穂から吊尾根を経て前穂に出、一枚岩の険を越して上高地に下ったものである。

そのころ私は、殺生小屋の中村喜代三郎さんに頼まれて専属のガイドをやっていた。

大正十二年の夏のことだった。穂高縦走のお客様を案内して、槍から北穂に向かったが、途中大変な雷雨に見舞われ、進むことも退くこともできない釘づけの状態になったことがある。何とか涸沢の岩小屋に避難しようと心はあせるが、お客様は寒気と疲労に弱り切っている。私も大きな荷物を背負っているのだからつらい。北穂の壁や涸沢岳の鞍部から、垂直に近い眼下の涸沢まで三人の疲れたお客様を誘導しておりることは、並たいていの苦労ではなかった。かといってじっとしていたのでは遭難することは必定である。そのうち、私のからだまでこわばってくるのが感じられるようになってきた。もうぐずぐずしていられず、手を取って引きずるようにして、ほうほうの態で岩小屋にたどり着いたことだった。

この時ぐらい、強く避難小屋の必要を感じたことはなかった。幸いお客様も、一夜の休養で元気を取り戻してことなきを得た。無事、縦走を終えて殺生小屋に帰ると、さっそく主人の中村さんに小屋建設の相談をし、快諾を得たので、それから何回か現地調査をした結果、今の場所――〝白出のコル〟に白羽の矢を立てたわけである。

## 穂高小屋の礎石

大正十三年に長野県側に石室を造り、まず穂高の一点に腰をおろした。翌十四年には岐阜県側にささやかな穂高小屋を完成し、第二年目を迎えた。その翌十五年の三月になって、ようやく長野県側の建築許可が松本営林署から届いたのであるが、ここで困ったことができた。長野県側に建てる建物については、それに要する用材は長野県側で払い下げねばならないということであった。やむを得ず今度は、松本営林署に払い下げの手続きを取った。しかしこれまた、なかなか調査官にきてもらえず、だんだん時期がはずれそうで困ってしまった。八月下旬となり、たまたま当の松本営林署長が登山してきた。これ幸いといろいろ事情を訴えたところ、まことにキサクな方で「それはわしの担当だ」と大変なご理解をいただき、「わしが調査しましょう」ということでさっそく、涸沢屏風岩の向かい合いの森林へお伴して、一気に払い下げを受けることができたのである。地獄に仏とはこのことと、まことにありがたくこのご恩は終生忘れられません。

それからは仕事もどんどんはかどり、十五年のシーズンには間口二間（三・六メートル）奥行三間（五・五メートル）中段付きの建物ができ上がった。この建物は思い出の深い建物で、その翌年、秩父宮様のご宿泊所となりその後、夏期は登山者の宿泊所として、冬は冬期小屋として多くの若者の避難に役立ったのである。

またこんなこともあった。十四年の八月のある日、下界から「明日は滝谷へ人がはいるから、穂高の尾根を歩く人は、ぜったいに石を落とさないように注意してほしい」との伝言が人伝えに届いた。私らのところはその場所から離れていたが、縦走路の一方の関門である涸沢岳の北側から北穂高にかけての飛騨側は、有名な滝谷の上部であり、尾根で誤って石ころ一つ落とせば、しばらくたつと一群の石なだれとなり、ものすごい音と土煙を立てて滝谷の底へなだれ落ちてゆくのである。嘉門次じいさんが「あそこは鳥も飛ばないところだ」といったとか、今までだれ一人としてこんな危険な所へはいったこともないのに、いったいガイドはだれだろうと思いながら、縦走する人々には一々お願いをしておいた。

これが穂高滝谷初登攀として、しかも偶然に二組のパーティーが成功を競うことになったことで有名な、藤木九三さんと松井憲三君のパーティーに、一方は早大山岳部の四谷竜胤さん、小島六郎さんに兄由勝のパーティーだったのである。注意の伝言は、殺生小屋にいた由勝から出たもので、幸い何事もなく両パーティーとも登攀に成功されたことは目出度いことであった。

大正十四年で忘れられないのは、カモシカが禁猟になったことだ。足の速いかわいい動物で、毛皮がすばらしく、肉もおいしいものだった。私自身は猟をしなかったから、べつに痛痒《つうよう》を感じなかったが、専門の猟師にとってみれば、つらいことだったろう。

以前は穂高のどこにでもいて、飛騨側でも一冬に四、五頭はとれたものだが、山にはいる人がふえるにつれて追いつめられ、だんだん頭数の減ってきているときだったので、日本特産の貴重な動物ということで保護獣になった。いまは人のあまりはいらない霞沢岳にいるくらいだが、その足跡はときどき見かけられ、昔はそれをたどって急な岩場を登るのに利用していた。

これに反してクマのほうは、北海道のヒグマとは違う内地産のツキノワグマで、それほど狂暴ではないが、やはり人を襲うことがあるので、どこそこに出たという知らせがあると、すぐ狩猟班が編成される。

昭和四十五年秋には、クマ二頭が涸沢に現われて、石室にあったかん詰めを食べているところを狩猟班が仕留めた。また昨年は槍平、笠ヶ岳にも出没して大騒ぎになっている。山奥の食料がなくなると、人間の食べ残したものをあさりにやってくるので、クマからみれば撃たれるのは迷惑至極だろうが、食物をあさるときはどうしても気が荒くなっているから、これはいたしかたないだろう。クマはいつまでたっても〝禁猟〟にしてもらえない、かわいそうな動物である。

翌十五年十一月三日、父をなくした。たばこ好きで煙管《きせる》を離したことのなかった父は、きびしい中にもやさしさのある人だった。中風で倒れ、今なら近代医学でいろいろ手の尽くしようもあったろうが、あえなく五十六歳で世を去った。私の小さな穂高小屋の完成を、心から喜んでくれたのがせめてものなぐさめとなった。

## 秩父宮様がご登山

秩父宮殿下には昭和二年の八月、一週間にわたって、穂高、槍、双六、笠の逆縦走をされ蒲田へ降りられることとなった。ご案内役として上高地の常さん、庄吉さん、蒲田口案内人組合の中畠政太郎さん、そして私の四人が選ばれお伴することになった。特に穂高小屋には二泊のご予定であり、私がご案内に随《したが》うため、小屋の一切の切りまわしは長兄金次郎に頼み、ご案内に専念することにした。

八月二十二日、ご一行滞在中の上高地清水屋旅館へ、他の案内人たちとともに伺いお目にかかった。その折り、御用掛《ごようがかり》の渡辺事務官から「登山中は殿下から何を質問されても直接お答えしてよろしい」とお話があった。八月二十三日、午前五時、上高地を出発、岳沢に向かった。ご一行は渡辺事務官、リーダーの槇有恒さん、学習院OBの岡部長量さん、慶大OBの早川種三さんであった。私どもも大いに緊張し、また張り切ってお伴した。本日の予定コースは、岳沢―天狗沢からジャンダルムを経て奥穂高―穂高小屋である。

天狗沢では道のないガラ場を身軽にグングン登られ、軍隊で鍛えられたおからだで途中休憩もとらず、天狗のコルにお着きになった。ここで休息され、ジャンダルムの手前のテラス、通称岩の平《たいら》で昼食をとられた。そのころから霧がわきはじめ、展望を妨げていたが、穂高の峰々にこの霧がかかると思う間に、谷を埋めていた霧がムクムクと吹き上げてきて、雷鳴さえ轟くようになってきた。この荒れ模様に予定のジャンダルム登頂を中止し、急いで横切ろうとした時には大粒の雨が降り出し、手に持ったピッケルの先がジージーとうなり出した。感電をはじめたのである。槇さんが「ピッケルをしまってください」と叫ぶ。雷鳴はものすごくヒョウさえ加わり、小石を飛ばす豪雨となってしまった。ピッケルは集めて岩かげに入れ、一同はそれぞれ雨具を着、天幕を頭からかぶって、通称ロバの耳という飛騨側の岩くぼへ避難した。風はますます強くなり、アラレを足下から上へたたきつけるので冷たく、一同手も足もこごえるようであった。このとき殿下はウイスキーを取り出され、私どもについでお勧めになった。その時、朝日新聞の藤木九三記者が同行していて、近くに雨宿りしていたので、そのウイスキーをガイドの中畠が受けつぎ、藤木記者に渡すときには、寒さにからだじゅうがふるえてコップの底には少ししか残っていなかったというほどの、骨身にしみる寒さであった。

一時間ほど休憩している間に、雨も小降りとなり出発した。ロバの耳から降りる岩壁は雨のためツルツルになっており、そのスリップに対し万全を期して、ザイルを使用することにした。こんな時のためにと昨夜、私たちが作っておいた用意の木製ハーケンを、先ず岩の割れ目に打ち込み、その木のハーケンに鉄製のハーケンを打ち込むという、絶対安全の方法を取って降りていった。次にヤセ尾根の難場も無事に渡り、奥穂の頂上を極め、穂高小屋にご到着になったのが、予定よりも三時間も遅れた午後五時五十分であった。地元関係者、報道陣はもちろんお迎えの山男たちは、大変心配して待っていたが、殿下ご一行の姿が小屋から仰ぎ見る亀の甲岩の上に現われたときには、一同ホッと安堵の胸をなでおろしたそうである。

当時の穂高小屋は信州側と飛驒側の二棟あり、その一棟は前年建てた間口二間、奥行三間、うち半分は二段建になっており、他の半分の方はストーブを囲んで団らんもできるようになっていたので、この建物を殿下ご一行（五名）に充て、大きい方は警察、営林署、村関係、一般宿泊者に充てた。大変な混雑なので、報道陣や荷物運搬の人夫衆は、狭い稜線のあちらこちらに、天幕を張って過ごしてもらった。今のように大きくなかった小屋は、このとき全くはち切れそうであった。

あれだけ凄かった昼の雷雨も、夕方になるとすっかり晴れあがって、夕日も見えるようになり、殿下も屋外に出られ、西南に高山市、東に松本平の灯が輝く夜景を、興味深くご覧になっていられた。また別棟の小屋の混雑する状況をご覧になってか「ガイドはこちらの部屋に来て休むように」とのお言葉をいただき、私たちは思いもよらず宮様とご同室の光栄に浴し、感激に満ちた一夜を送ったのである。

また兄金次郎が手伝いにきていることをお知りになって、特に「自分たちといっしょに話をするように」とのありがたいお言葉も賜った。これは先年殿下が槇さん、木暮さんなどと槍、穂高縦走のご予定で来山されたが、天候が悪くようやく槍ヶ岳へ登られただけで穂高は中止、松本へ下られたことがある。この時の槍、穂高方面のガイドに金次郎が選ばれ、親しくお目にかかっていた、それを思い出されてお言葉を賜ったわけである。

八月二十四日、本日は小屋周辺のご登攀をされるご予定で九時にご出発、奥穂高頂上に向かわれた。朝のうちは雲もなく晴れ渡っていた空も、前穂高頂上を極められるころは雲も低くなり、さらに北尾根を経て涸沢池の平に降りられたときには、昨日に劣らぬ雨となってしまった。殿下には全身ずぶ濡れになられながらも、大変お元気で一行の先頭に立たれ、ザイテングラード〔現・ザイテングラート〕の尾根を登攀して、穂高小屋へお帰りになられたのは午後四時ごろであった。

一時間もすると雨もすっかり晴れあがり、夕焼けの景色がまことに美しく、笠、錫杖、はるかに白山、能登半島までも見渡せるようになった。殿下には屋外に出られ、特に私を呼ばれて二十分ほどもいろいろと岳のことを質問された。殿下は「重さんはこんなすばらしいところに住んで居られてうらやましいね」といわれ、またヨーロッパのアルプスの話を聞かしてくださった。当時はまさか、本場アルプスなど夢にも見られないものと思っていたが、それから四十年たった四十二年の夏、約一か月にわたって欧州を巡り、アルプスの本場を見物することになり、殿下のお言葉を思い出してなつかしんだことだった。

八月二十五日、山上は朝日に輝き、絶好の日和である。午前六時に穂高小屋を出発し、北穂高の頂上に立たれたのが午前九時で、しばらく休憩された。大キレットの岩峰では、チムニーのロッククライミングを槇さんとともにされるなど、お元気で午後四時には盟主、槍ヶ岳の岩峰を仰ぐ肩の小屋にお着きになった。

三十分余り休息ののち、夕日に輝く大槍の登頂を決行された。頂上に直立された登山家殿下のお姿は、お疲れのご様子もなく槍の岩峰とともに赤い夕日を浴び颯爽《さっそう》と拝され、展望は全アルプスを脚下にして実にすばらしいものであった。

八月二十六日、前日にまさる快晴で、早朝六時には小槍に向かわれた。大槍の下、千丈沢に切り立つ断崖の岩場を過ぎて小槍に到着、三名ずつ二隊に分かれ、ロッククライミングの真髄を発揮するあらゆる技術を使って登攀が行なわれた。一時間余りのこの登高は、山ではかつてない大勢の人々の見守る中で演ぜられたが、殿下のご日記に「大観衆を前にして檜舞台に立った花形のようだった」と書かれてあるが、まことにこの時の観衆は、緊張と感激にセキ一つない有様で見上げていた。殿下は最後に頂上にあがられる時は、ちょうど機械体操のように両手を岩角にかけられ、ヒョイと飛び上がりスックと立ち上がられた。人々はいっせいに手をたたきお喜び申しあげたことである。

いったん肩の小屋に戻られ、少憩ののち槍ヶ岳に名残りを惜しまれつつ西鎌尾根を経て双六池に向かわれた。この時も大変な濃霧や猛烈な雨に遭遇されたが、殿下はご健脚で険路も難なく午後四時過ぎ、村営の双六室堂にお着きになられた。ここは無人の避難小屋で、今日の食事一切は私どもが受け持つことになった。

ハイマツの枯木を集めて大たき火を起こし、里から運び上げた新しいナスをその中に放り込み、適当なところで皮をむいてお皿に並べ、醤油をかけて差しあげた。殿下には大変珍しがられ「これはうまい、これは何という料理かね」と問われましたが、お付き添いの方々が返事に困っていられたので、私がありのままご説明申しあげると「そうか、あすもまたぜひこれをつくってくれ」と申され、大変満足されたようであった。

八月二十七日、双六室堂を八時ご出発、この行程は今回のコース中、一番楽なところでほとんど尾根伝いである。ハイマツの間のわずかな砂地には、高山植物が春の面影をしのばせて可憐に咲き乱れていた。

ご昼食は抜戸岳の鞍部の弓折れ平《だいら》、前方には先日来踏破した穂高連峰が穂のように立ち並び、左方に天を摩す槍が連なり広大な屏風をひろげた形をしている。うしろには弓折れの険と、立ち並ぶ岩塔（殿下のお言葉でのちに秩父岩と名付けられる）を背負い、抜戸から笠へ連なっている尾根の眺望はアルプス中随一である。雪渓から流れ出る水は清澄で、そのほとりには雪の消えるのを待っていた高山植物が花をつけ生色にあふれ、短い夏の日射しをうけて咲き誇っている。

殿下にはことのほかよろこばれ「僕が別荘をつくるならこの場所だ」と申されたほどである。

笠の室堂も村営の無人小屋であり、今コース最後の一夜ということで、食料品はできるだけ整理することになり、荷物運搬係の強力たちにもたら腹食べるようにとのことで、ウイスキーもお酒もそれぞれに分けていただいた。一同殿下のご無事なご踏破と、自分たちの大任がここまで果たせたことを心から寿《ことほ》ぎ喜び合ったことである。夕食後、殿下には槇さんをお伴に小笠の頂上あたりまでご逍遥され、澄み切った大気の中に思う存分おひたりになり、またうす暗い石油ランプの下でいろいろとお話し合いなどされ、十時ごろ就寝されました。

八月二十八日、今日は最後のコースであり、殿下には午前五時に起きられ霧深い黎明の中に立たれ、安全カミソリをお使いになって数日間のびたヒゲを剃られた。午前七時には笠ヶ岳の頂上を極められ、頂上では随行の人々や強力らまでカメラに収め、錫杖ヶ岳の麓クリヤ谷をさして下り始められた。この道は、ハイマツ原を切り開いた新しい道で切り株が長く、のぼればさがる、足を上げればつっかいて上がる、というわけで進むにはかどらず転倒もする。殿下には「これは、バネ仕掛けだね」と冗談をいわれて一同を笑わされ、一週間の山旅のお疲れもなく、錫杖の沢の合流点で休息されました。

その時突然、殿下から「きょうの昼食は重太郎の兄貴のところで食べよう」といいだされ、みな面食らった。実は地元当局では、民家では余りにもむさくるしいので、近くの小学校に準備万端ととのえてお待ちしているはずであったから、さっそく伝令を走らせることにした。下界の奉迎事務所では突然の変更で、さぞかし転手古舞いだったことと思う。それでもどうやら大消毒もすまし、小学校に用意してあった準備品万端が運ばれて、お待ちしていた。

お食事はまことに粗末なものだったが楽しく召しあがられ、強力などにもお気軽にお言葉をかけられるなど、二時間ほどご休息され、出発の時には家の前の岩の上に立たれて、家を写真に撮られた。栃尾小学校の奉迎事務所に少憩され、ここからは自動車で平湯温泉に着かれ、中村旅館に御一泊された。

八月二十九日、ご出発に際しては大勢の人々が旅館前に整列してお見送り申しあげていたが、その中の私どもを見付けられ歩み寄られて「いろいろやっかいをかけてありがとう。長い間ご苦労であった」とお言葉を贈られ、私どもはお別れする感慨に胸がいっぱいになった。

それから二十五年目の二十八年一月四日、殿下御薨去《こうきょ》のニュースを拝聴し、衝撃を受けたがすぐに在京中の弟勝躬に連絡し、代理として秩父宮邸をご弔問させ、はるかに謹んでご冥福をお祈りしたのである。


なお、秩父宮殿下がご帰京後、ご執筆になった槍ヶ岳ご登山の「山の旅」をつぎに謹載させていただきます。

＊

夏もすでに半を過ぎた。そして山のニュースも新聞からは段々忘れられて来た八月も末の二十一日、軽井沢を後に山行の途に上った。

軽井沢もシーズンの盛りは過ぎて秋は木末《こぬれ》に訪れて居たが、此の朝は雲深く何となく空ばかり眺めたくなる日であった。篠井姥捨を過ぐる間に天気は次第に良くなって来たが一方暑さも加わる。ギラギラ輝く太陽が馬鹿に眼を刺戟する「早く梓川の畔に行きたいな」と言う感じが一層汽車の歩みを遅い様に思わせる。

十一時半漸く松本に着く。そして槇、早川、岡部君等と落ち会って、一緒に島々行きの電車に乗る。何しろ特別で途中に止らないから、三十分許《ばか》りで島々に着くと聞いてあわてゝ昼食をする。電車の終点から島々まで自動車、それから林道を馬に牽かれるトロッコに乗る。四年前の夏、燕岳の縦走をしての帰り、上高地の出発が遅れて此の附近を大股で大急ぎに歩いたことなど思い出される。然し今度はトロッコで馬に引かれて行くのだが、巾が狭くて足が伸びないので考える程之も亦《また》楽なものではない。途中で雨が一しきり降ったが暫くして止む。二時間余り休まずにゴトゴトと上って行くが、馬も随分重いのだろう。終り頃には大分苦しそうに所々で休んで息を静めては再び歩き出す。

尻が痛くなったから歩こうかと思っている中に岩魚止めに来た。少憩の後上衣も脱ぎ徳本峠へと羊腸たる山道を辿る。

山に登らんとして上高地に入り或は山を下って島々に向わんとして此処を越す者は幾人だろう。その多くが「若し徳本なかりせば」の嘆を口にすることであろう。それは否むことの出来ない自然の声であるが、一面仰いで天の成せる此の一大障壁の存在を感謝せずには居られない。これあるが為に上高地は其の純なる清さを持って居るのだ。縦令《たとい》夏毎に数千人の人々に踏まれても、又山に向う者にとっては適当な足ならしでもある。今や上高地の名は日本国中に知れている。然し其処には宿屋が二軒しかない。聞く処によれば遠からず自動車道に通ずると。文化的施設もよい、此の美しい景色を僅の人々の観賞に限るは惜しいことでもある。唯、願くば永遠に今の儘でありたいものである。

徳本峠に辿りついたのは、穂高の峰が夕日に紅く輝いた午後六時、リュックサックからカメラを出す暇もなく、日は山の影へと入った。休んでいると寒い位である。峠を下りて牧場附近に行き着いた頃は、もう真暗になって、清水屋の迎えの提灯が、四ツ五ツ森の中に光っていた。此処から先きは真直ぐな途だったと思うのに可成り迂余曲折している。平だったと思うのに、幾度も上ったり下ったりする。「もう五千尺だろう」「もう燈が見えそうなものだ」と思うのに、幾ら歩いても歩いてもそれらしい火もない。やっと木の間にチラホラ明りが見え出した。そして五千尺の前に出た。数十人の人が宿の前に並んで迎えてくれた。それから梓川を越して十丁余り、清水屋に着いたのは八時であった。茶屋の様な家と営林署の建物とが増えていた。又キャンプの淡い光が此処彼処《ここかしこ》の森の中から漏れていた。

直ぐ湯に入る。一日の汗を温泉に流して、足を伸ばした心持は誰しも忘れられない快いものゝ一つだろう。湯から上って、又食事の出来るのは十時頃だろうと思っていたら、九時過ぎには早や名物の岩魚で腹をふくらすことが出来た。焼岳、霞沢岳も、白樺の森も唯黒く、梓川のみが潺々《せんせん》の音をたてて夜は次第に更けて行く。

二十二日。朝日が早くから窓を明るくする。ゆっくり朝食を終えて、明神池の方に散歩に行く。緑の柳に白い白樺の間を縫うて流れる梓川、上には黒い灰色の岩膚の穂高が雄々しい強さを、澄んだ青い空をバックとして聳えていて、所々には雪さえ見える。真黒暗に辿っては長い路も、美しい眺めにつられて雑談すれば短くて、早くも牛番小屋の跡に出る。雅なりし牧場の小屋も、焼き払われて今は平凡な茶屋が建っている、惜しいことをしたものだ。

梓川を越して、山の開拓者であり山の友であった嘉門次爺さんの家を訪れる。ささやかな其の小屋に、彼が山に対する憧憬の美しい心情を忍ばずには居られない。

穂高神社を過ぎて、明神池に出て、岩魚釣に半日を遊ぶ。常さん、庄さんは早速糸を垂らして妙技を競う。遠く近く游々と泳ぎ廻っているのが、足音や人の影に平和の世界を破られて、驚いてツツーと、あちこちに散って藻の下などにひそむと、又何処からともなく泳いで来る。庄さん常さん早くも一尾、二尾と釣り上げる。僕も見て居られなくなって竿を借り向いの木蔭に行く、毛針を使うので仲々六《むっ》ケ敷《かし》い。

一時間余りもかゝってやっと一尾を獲たが、其の後が続かない。場所を換えて見る。大小合せて十余り、水底に沈んでいて容易に浮いて来ない。その中に腹がへって来る。もう十二時頃だろうが時計を見る暇もない位、針とにらめっくらをしていた。常さんが針を換えてくれる、今度はすぐかゝった。側の岡部君などが一向釣れないのに、僕一人次から次へと暫らくの間に釣り上げた。何処からか「十二時も過ぎたから昼食にしよう」と言う声が耳に響いて来たが、気にもとめない。もう少しもう少しとかれこれ一時間もたった。合計五尾得々として引き上げる。川の右側を歩いて河原に出て、新鮮其のものゝ魚を塩焼きにして食う。実にうまい。良い気持になって伸びていると曇って来た。又雨ではないかと心配させられる。これが其の頃の天候なのだ。毎日午後になると曇って驟雨が来る。ブラブラ歩いて三時頃宿に帰る。夕食は亦岩魚である。さしみ、吸物、塩味噌、醤油で焼いたもの、ハイカラにしてフライ、有りとあらゆる料理法で岩魚を食わせる。それでも之が一番の御馳走だと考えているのだから仕方がない。

この夏など此の地に来る人は非常なもので、宿屋は二軒とも常に満員だったそうだ。その上キャンプする人々も非常な数で、多い時など二、三百の天幕が森の中に張られたそうだ。これは一つの流行だが一時的の流行でなく、長い否、永久の流行としたいものだ。そして此の傾向を純正なる道に導き度いものである。人生には此の大自然と親しむと云うことは大切なことである。殊に若いものは一年に一度くらいは、広大なる自然の懐に抱かれて、一時でも宏《おお》きい気分を味うべきだと思う。

二十三日、起されて眼をさます。黒ずんだ空には星が淋しく輝いている。午前四時、提灯を先頭に宿を出る。送って来た人々とも橋のたもとで別れて、愈々《いよいよ》山にかゝる。夜も次第々々に明けはなれて、森林帯を抜け出て前穂高と西穂高との間のがけに出た頃には、雲が上高地の谷を罩《こ》めて梓川が銀色に光っていた。不愉快にして、可成《かなり》急な、がらがら石の道を登って、西と奥との間のコールに出る。登攀はこれからだ。

日本は山国だと云う。実に山は多いが僕等の欲する山、足だけでは登れない山、雪と岩との山は少ない。穂高、鎗のグループ以外にはない。此の二、三日が真に愉快な山を味い得るのだ。秋と云っても日は強い。山の日は特に強く感じられる。昼頃まで岩を上ったり下ったり一年振りに無限の快を楽しんだ。丁度昼食をしている頃から曇り始めた。天候は悪くなる許《ばか》り、一時間もすると雨が来た。雷も聞える、余りよい気持はしない。山頂で雷に会う程無気味なものはあろうか。アルプスの歴史は幾多の山頂の犠牲者によって一入《ひとしお》の凄惨を加えているではないか。

其の中に槇さんのリュックサックに、倒に立てて携帯しているピッケルの先で、じいじい音がしだした。そこで奥穂高の峰に取りつく岩かげで休むことにする。猛雨は引っ切りなしに降り、時々頭の上で雷が勇壮に響く、ピッケルなどは数間先の岩かげに集めた。携帯天幕をかぶって小さくなる。シャツまでぬれ、時が経つ程寒くなる、雨が小降りになり谷の向うの山も見えだすから、出かけ様かとすると、又沛然《はいぜん》と雨が来る。かれこれ一時間半も待っていた。漸やくに動き出す。四時四十分奥の頂上に出て、寒いから休むこともなく一気に小屋へ降りる。此の小屋は案内今田重太郎君の所有である。今年開かれたので極く便利に出来てる。土間にはストーブがあり、棚があって、上下に寝られる様になっている。

二十四日。山上の一夜は静かに明けた。余りよい空模様でもないが、予定通り奥穂高の踏破に出掛ける。余計な荷物は皆小屋に残し、軽いリュックサックを肩に、前日下りたリッジを逆に登って奥の頂上に再び立つ。天候は険悪で雨は免れないと覚悟する。奥と前とは余り離れては居ないが、随分下って再び登らなければならないから、時間はかかった。

前穂高の頂上には、嘗《かつ》て露営地に使われたのだろう、石を積んで三方を囲った門がある。携帯天幕を屋根にして、焚火をする。僕等山に慣れない者は、とても眼が明けて居られない。我慢がしきれないから外で休む。岡部君などは流石に強い、平気なものだ。山の経験の深浅は、特に生木をいぶし、其の眼の開きによって卜《ぼく》し得べしだ。とうとう雨が降り出した。止むを得ず天幕の下に入り、なるべく隅の方に小さくなる。

時々風の吹き廻しで煙が来る、眼を閉ずる暇もなく眼からは涙が出る、昼食を終えて雨の中を唐沢《からさわ》に下りる、上の方は岩がもろく油断が出来ない。雪渓や石のごろごろしている上を渡って、有名な唐沢の岩小屋に出る。雨は強くて其時は既に猿股までもすっかりぬれていた。

唐沢の岩小屋、何たる感じの深い場所であらう。我が登山の歴史と共に其の名は懐しいものである。残念にも雲低くて四周を囲む、岩と雪との眺めがない。穂高の小屋に帰ったときには雨が上り雲も切れはじめた。冷たくなった身をストーブに暖め、シャツやズボン下を脱ぎ換えれば、元気忽《たちま》ち恢復《かいふく》、熱い茶を啜りつつ山の話に花が咲く。

夕方になると冷い風が吹き出して、暗雲は一掃される。遥か遠くの山々が重なり合って、何処までも続いている。

西の方は白山から鈴鹿方面の山までも見える。青黒い山の間には、白い雲が谷を埋めている。北は能登半島の彼方の海が、夕日に輝いて見える。妙高、浅間、駒、何れも、東から南に亘って其の雄姿は雲表に聳えている。何たる雄大、無辺な眺めであろう。山に登る者の幸福を熟々《つくづく》感ずる。記念にとカメラに撮すが、其れは余りに貧弱なかたみではないか。

自然は余りに大きい。カメラは余りに機械である。僕は唯茫然と寒風に吹かれつつ、果しなき変化極まりなき宇宙の美に見とれてしまった。時々思い出した様に、重太郎君と言葉を交わすのみ、それも唯之を讃嘆する言葉を繰り返すに過ぎなかった。山の色は刻々に変り、日は遂に笠ヶ岳の下に没す、忽ち寒気身にしむを覚え、小屋に帰る。

二十五日。昨夕に劣らぬ美しい朝だ。四時五十分に小屋を出る、今日も飛驒と信濃の境を歩くのだ。天気が良いから何と云っても愉快だし、変化が多いから実に面白い道である。唐沢岳、北穂高岳とを越して、南岳に来るともう岩とはお別れである。北穂高の頂に達する手前に、チムニーがある。それは極く僅かではあるが、廻り道になるが行きがけの駄賃と、背と膝の登攀を試みる。「何がそんなに面白いのだ。わざわざそんな廻り道をしないで、早く頂上に立つてよい景色でも眺めたらよさそうなものだのに」と云うだろう。中には山に登る事に何の面白み、価値があるかと聞くものがある。然し僕等は、残念ながら満足な答えが出来ない。

山は、山に登ったもののみの味える美しきものであるから、隣りに行くにも電車、自動車に乗り、夢の間に数百哩の旅行をし、人生は金と名誉との外に何もないと考える人から見れば、汗を流し、長い時間かかって山の頂きを極めた所が、何等の価値もないことに相違ない。おまけに何時も何時も天気がよいとは限らないのだもの。然し我々の短かい現世の生命、永遠の死後の生命も皆宇宙の外には出ないのだ。そうして見ると、時には此の宏大無辺の大自然に抱かれて、之を静視して、理想そのものである宇宙の神に帰一するの余裕はほしいものである。登山は、虚栄の表徴である下界の流行とは違う。登山は我々が赤裸々になって大自然の前に、幽遠なる理想を辿る崇高なる奮闘であり修養であり喜悦である。山そのものは久遠の生命であり大聖哲である。

南岳は沙漠の様な山だ、その上霧がかかって、それを浸して輝りつける太陽の暑さと云ったらない。風は無し、全くの地獄だが、幸いに屡々《しばしば》晴れて涼しい風に見舞われる。

大鎗までは岩がらがらの山、雪溶けの水が二杯でも三杯でも一息に飲める位に渇く。三時半、大鎗肩の小屋に着く、小屋に入るか入らないに雨が降りだしたが、之も茶を飲みパンを食っている間に晴れたので、大鎗に登る。リュックもなく忽《たちま》ちに登る。何とも言えぬ美しい夕方である。四年前にも登ったことがある。何だか非常になつかしい。今や日は次第に傾いて、大鎗の影が常念に映ずる、その影は段々と上に昇って行く、深い谷には次第に白雲が湧いて来る。山の夕は早い、美しい彩は静寂なる冷やかな大気の中に眠らんとしている。鎗を下りる。雲が愈々《いよいよ》盛に湧き昇る。

小屋は大きい、そして二階があるが惜しいかな二階に炉もストーブもない。小屋の中がいやに下界くさい。

二十六日。何とめぐまれたことだろう。馬鹿によい天気続きだ。此の登山中の花である。小鎗登攀を決行するには、理想の天気だ。岩攀りは一人が確実な足場を得るまで、多くの場合他の人が同時に行動出来ない為、止って居る時間が長いから、寒い風の吹く日などは意地にも楽なことだとは言えない。小鎗登攀の細かい記述は余り専門的になるから此処には略したいと思う。大鎗の山稜が小鎗を廻って桟敷の如く聳立して誂《あつら》へ向きの桟敷を造っているので、新聞社の人々は勿論県庁、営林署の役人から人夫衆まで、数十名ずらりと見物席についた。

僕等は実は花形役者、小鎗を舞台に真の活劇を演じたのだ。見物料を取ったら、小屋の一つも造れたろうに、惜しいことをしたものだ。

一寸小屋に帰ってリュックを負いピッケルを手に、鎗の西尾根を双六へ向う。

雲次第に深く、昼食を終るや本降りの雨が襲来して来た。もうこれからは岩もなく土と偃《は》い松《まつ》の上を尾根づたいの平凡な道、注意して見ると偃い松の幹の皮が所々はげている。案内が兎が噛んだものだと説明してくれる。兎は塩気のものが好きで、小便のかかった所を噛るので、兎を捕る為にわなをかけた時、附近に必ず小便をするそうだ。午後二時、双六池畔の小屋に入る。此処は小さい小屋が一軒なので、僕等の一行で占領して他の人々等は皆天幕を張る。雨にけぶる山の池の辺りに点々と天幕が張られ、各処から焚火の煙の昇る景色は、唯平和そのものである。晴れたら双六に登ろうと、何度も何度も外を眺めるが、好くなりそうで又強く降って来る。その中にとうとう暗くなってしまった。

二十七日。案じられる雲足、案内衆も心配そうな顔付きで「どうだね、今日の天気は」と聞いても「さあ」と言葉が濁る、槇さん独り楽観して先頭に立つ、過ぎし三日の思い出多き穂高、鎗の連峰は左手にその峨々たる山稜を雲表に現わして、白雲が其の前を飛ぶ様に右から左に去って行く。日も時々さす様になった頃抜戸岳に着き、昼食をする。其処は擂鉢《すりばち》の一部を欠いた様な形をして、奇岩が沢山つき立っている。緑の草の中には可憐な黄、紫、白の花が長くもない美しさを惜しむ如く咲いている。其の愛しい花を脅かす様に雪が――夏の灼熱の日と闘って勝った――近く来る増援を一日千秋の思いで待っている様に残っている。欠けた一角には、大自然の一大名画が描き出されている。何たる大芸術であろう。即ち鎗、穂高、だけが我が眼前に浮き出しているのだ。其左右の連山は、囲《めぐ》らした稜に遮られて見えぬ。

一時二十分笠の小屋に着く、此の小屋は実に日本アルプスの小屋中で眺めの最もよいものの一つだろう。小屋は小笠の中腹にあり、唯水が近くに得られないのが唯一の不便である。落日を浴びて小笠に登る。夕陽に映えた四周の眺めは、湧いて来る霧で一入《ひとしお》美しさを増した。山の小屋の最後の一夜は静かに更けて行ったと書き度《た》いのだが、ふとした事から靴の釘トリコニーとグリンカーとの優劣論が始まり、一転して人生論となり、口角泡を飛ばすこと数刻に及んだ。

二十八日。澄んで晴れてはいなかったが、後には暑くなるだろうと思わせる程な霧の朝だった。大笠の頂で、山への最後を告げて急な下り道を蒲田へと向う。

こんな歩き難い路は他にないだろう。偃い松を切って作った小路だが、其の枝や根が残っているから、丁度バネの上を渡る様なものだ。一度手が離れたら千仞《せんじん》の谷に落ちるような処を、登るときにも不安を感じない僕等も、此の笠からの下りには全く参った。そして夢にも此の道を逆に登ろうとは思わない。双六から笠までの道が余りに楽な景色のよい道だったので、新婚の早川君最初は二人で来る所は笠だときめていたのだが、今日の道で全く決心一変、笠は遂に美しき客を迎うるに落第した。昼頃、蒲田に着く。そして重太郎君の兄の宿屋で昼食をする。蒲田、それは余りに僕には懐しい名である。今の蒲田は彼の天災の後数丁下に移ったもので、僅かに四、五軒の家がある。温泉は川の中に今も変らず湧いている。栃尾まで約一里の道を歩いて、それから自動車で平湯に行き、六日振りで湯に入る、此処もまだ山の中の村だ。十数軒の湯の宿があるが、皆宿屋には風呂がない。湯から上って、障子を開けると、青田の向うに笠が聳えている。今朝は未だあの山の上に居て十日もたったパンをかじっていたのに、今は畳の上に湯かたがけで茶を飲みながら、夢の如き回想に耽っているのだ、何たる変化だろう。

翌日高山に自動車を走らせる。土地の人が小さい京都だと言うが、全く似ている。大きな寺が数多く東側の山麓にあることや、鴨川に比すべき宮川が町の中に流れ、道が碁盤目の様な所など方々案内されて忙しい半日を送る。

宿で世話になった一人の女性は淋しげに「わたしの子供も山が好きで夏になると何時でも山へ出かけました」と何かの話の折り語った。側の一人が「ほんとにあんなお丈夫だったのに」と又沈んだ調子だった。

僕の元気に山から下りて来た姿を見て、失った愛児を思い起したのであった。

僕が元気であればあるだけ、彼女の思い出は深いのだろう。慰める言葉も出なかった。無情の此の世ではある。

騒然たる都に帰って来た。一日山に来ていた写真班の一人が、山の写真を持って来てくれた。そして山の思い出を語った。彼は愛宕山より高い所には登ったことはないと言うのだ。

「山登りはトリックでは出来ない。一歩一歩確実な歩を運んで初めて目的が達せられる。自分も今後は此の心持を忘れないで世の中を渡りたい」山を知らない人に山が教えたものは此の事だった。果して彼は今も此の気分を忘れないでいるだろうか。

# 穂高小屋から山荘へ

## 妃殿下を伴われて再び

最初の穂高小屋ができてから五年たった昭和四年、小屋の利用者がかなりふえてきて非常に狭くなってきた。そこで増改築にとりかかり、飛驒側はこの年に、信州側は翌五年に完成した。また奥穂の頂上に、奥穂高神社を安置した。

国情は昭和五年のロンドン軍縮会議、六年の満州事変（九月十八日）、七年の上海事変（一月二十八日）と、しだいに緊迫した様相を呈してきていたが、山へ登って気分をほぐしたいと願う人はふえてきて、昭和八年にはバス道路が上高地まで伸び、歩かずに穂高と対することができるようになった。それまでは白骨への分かれ道である沢渡《さわんど》までバスできて、あとは歩くが、島々から徳本峠を越えて上高地へはいらなければならなかったのである。

足が便利になったおかげで、小屋は繁昌したが、私たちは目の回るような忙しさになった。だから夏の最盛期などは、次兄から弟たち、妹たちを動員しての活動でさばくようになった。

そんな矢先、大正池と河童橋の中間に赤い屋根をおいた豪華なスイス風の帝国ホテルが出現したのである。ホテル王といわれた大倉喜七郎さんが、大倉組に作らせたものので、はじめは地元から反対されたようだが、できてみれば上高地の絶景によく似合い、多くの観光客を誘致するのに大いに役立った。

このホテルの接客や料理などの管理を、犬丸徹三支配人からまかされたのが上高地の案内人、木村殖《しげる》さんだ。完成直後は外人客や財界人が多かったので、なかなかたいへんだったらしい。

それと同時に、霞沢発電所が完成して上高地一帯にも電灯はともるし、秘境はにわかに活気を帯びてきた。そこで大倉喜七郎さんは、帝国ホテルの完成祝賀記念として〝山の宮様〟秩父宮ご夫妻をお招きし、あわせて岳沢の雪渓までご案内しようと考えたのだった。

昭和九年八月二十日、この計画は実現して秩父宮ご夫妻は上高地にお着きになった。しかし岳沢へ足を伸ばすことは、宮内省がいい顔をしないだろうし、人目がうるさいというので、宮様との話し合いで秘密のうちに行なうことになったのである。

その日の夜、大倉さんは上高地から伝令の人夫を二人、横尾回りで奥穂高小屋の私へさし向けてきた。二人が着いたのは明け方近くだった。

「秩父宮様と妃殿下が上高地においでになっています。きょう岳沢へお二人でお登りになりますから、ご案内するためすぐに岳沢の下まできて下さい。でもいろいろうるさいので、上高地に用事で行く途中、偶然出会ったということにしてお出でなさい」

というような意味のことが伝えられた。これと同じころ、加藤泰安さんも私に知らせるべく、単身小屋に向かって登っていられたのである。このときちょうど、中畠政太郎さんが小屋に泊まっていて「私もぜひ行かせてほしい」という。「一人で行くより二人のほうが心強い」というわけで、二人で天狗沢を経て下っていった。

すると西穂沢のあたりで、宮様ご一行がゆっくり登ってこられるのに出会った。七年前、秩父宮様がお一人で穂高に登られたとき、身の回りをお世話していた御用掛の渡辺八郎さんが、やはりおそばについていた。先頭にいた大倉さんがニコニコ笑いながら、

「やあ、重太郎さんじゃないか。いいところで会った。殿下のリュックをかついでさしあげてくれないか」と、とぼけていわれた。

宮様も実に愉快そうに、

「重太郎さん、久しぶりだね。先年はほんとうにご苦労さんだった。こんどは二人なので、この辺の散歩にとめるけど、よろしくたのむ」

と声をかけられる。私はかたじけなくて胸がいっぱいになった。妃殿下とのごあい

さつがすむと、「雪渓はすべってあぶないから……」というので、私がお手をひいてさしあげることになった。軍国主義はなやかなりし時代、取り締まりのやかましい宮様に、このようなことができるのは山に暮らし山に生きる者だからこそ許されたのであった。

妃殿下は上高地は初めて、また高い山に登られるのも初めてで、かなり気をつかっておられた。また雪渓なるものをご覧になるのも、もちろん初めてなので、手で雪をかかれると、

「これ、ほんとうの雪ですか」

と私におたずねになった。高山に真夏でも雪が残っているのはご存じなのだが、雪を目の前にして、さらに足でふみしめ、手でかき集めたとき、それが実際の雪であるとはお信じになれなかったのだろう。

「ちょっと待ってください」といわれると、魔法びんのふたをあけて、お手でかいた雪をさかんにおつめになっている。

「いったい、どうしようというの？」

と宮様がお聞きになると、

「これを皇太后様に持っていってさしあげようと思って……。珍しいんですもの」

とおっしゃった。これには宮様も、ただほほえまれるだけだった。

私たちは雪渓の上でたき火をし、ご夫妻といっしょに昼食をとらせていただいたが、下界では当時とても考えられないようなことができたのは、山に住む者の特権であった。しかしこのお元気で気さくな〝山の宮様〟が、昭和二十八年、五十歳でなくなられようとは、神ならぬ身の、とても知る由もなかった。

## 客の残り火で焼失

上高地に秩父宮様がおいでになる一月ほど前、斎藤内閣が総辞職して岡田内閣に変わったが（七月八日）、昭和十一年二月、とうとう二・二六事件が起きた。私たちは神岡でこれを聞いて、戒厳令下の東京はどうなることかと思った。すぐに落着したので胸をなでおろしたが、それから間もなく、政治とはなんの関係もないが、私の身の上にも災厄が降りかかろうとは夢にも思わなかった。

それは六月十八日午後のことである。兄の由勝が、神岡町の私の家へあたふたとかけ込んできた。

「重太郎、たいへんだぞ。おまえの小屋が焼けおちてる」

「えっ、いったい、なぜ？」

「まだわからんが、泊まった者の残り火の不始末だろう。長野小屋は無事だが……」

「せっかくの小屋を焼くなんて、なんとひどい……」

兄の話では、飛騨側から奥穂へ行く登山客を案内して白出沢を登っていると、途中までくれば小屋の屋根が見えてくるのに、いくら近づいても見えてこない。「おかしい、なにかあったな」と不安にかられながら登りつめてみると、小屋は丸焼けとなって余燼《よじん》がくすぶっているだけだった、というのである。兄ははじめここに泊まる予定だったが、登山客を涸沢におろし、私に急を告げにまた白出沢をおりてきてくれたのだ。

とにかく現場にいってみなければならず、弟たちと取るものもとりあえずかけつけた。私の愛する小屋は、長野側の小さな棟だけを残して跡かたもなくなっていた。涙がほおを伝って落ちていった。しかしいつまでも、焼け跡をぼう然としてながめてはいられない。

「あと十日余りでシーズンだ。悔やんでばかりいず、とにかく対策を練らなくては……」

「ありあわせの材料で、バラック建てでもいいから作ることにしよう」

私たちはすぐにとってかえすと、近在を歩き回って古いトタン板とか木材を買い集めにかかった。

「そうか、小屋をだれかの不始末で焼かれてしまったのか。それは困るだろう」

と、みな進んで協力してくれたのには、胸が熱くなった。おかげでそれから一か月後には、粗末なものながら登山客の一夜を結ぶことのできる小屋ができ、そのシーズンをなんとか切り抜けたのである。

「穂高小屋、客の残り火で焼失」というニュースが新聞にのったので、登山客の話題にのぼり、わざわざ見にくるヤジ馬（失礼）が殺到したのには驚いた。火事場見物は江戸、いや日本人の通性というのはわかっているが、三〇〇〇メートルの高峰までわざわざ見にこられるのは、ご苦労さんなことだと感心した。まあそのおかげで、粗末な小屋も大繁昌したのだから、見物にきていただいた方々に、ここで改めてお礼申し上げます。

不始末をされた人は、十七日に槍から縦走してきた私の知り合いの数人のパーティーで、小屋開き前の無人の小屋で泊まって十八日早朝、奥穂からジャンダルムへいったとき、ロウソクを倒して焼いてしまった、と上高地から電話であやまってきた。

忙しかった十一年の夏を終えて、ほっとする間もなく、小屋の再建に取りかからなければならなかった。これから訪れる人の増加を考えて、もっと大きくしっかりしたものにするため、先輩方の意見をいろいろ取り入れることにした。考えてみれば焼けた小屋はもう収容力において飽和点に達して、いずれ建て直さねばならなくなっていたのだから、かえって思い切りがよくいったかもしれない。

昭和十一年のシーズンは、仮小屋で営業しながら新築をはじめて、翌十二年に完成したが、やはり飛騨側と信州側の二棟の小屋ができあがった。収容力は合わせて百名ちょっとで、以前の倍以上となった。

## 徴用令状来る

昭和十七年ごろまでは登山者も年々ふえていたが、戦争がたけなわとなるに従い、しだいに減って昭和十九、二十年になるとほとんど人影も見えなくなってしまった。二十年の五月のある日、私のところへも徴用令状が届けられた。二十歳の徴兵検査には騎兵の甲種合格だったが、クジはずれで兵隊にはとられずにいたのだが、太平洋戦争も完全に旗色が悪くなり、ついに最後の御奉公に狩り出されたのである。すでに私は四十七歳になっていた。

五月十五日、大雨の中を神岡を出発し古川から岐阜市近くの各務ヶ原の宿舎に着いたが、時間外でとうとう夕食にありつけず、空腹をかかえて一夜を明かした。徴用先の仕事というのは、近くの不動山に穴を掘って、飛行機の格納庫を作る作業であった。毎日毎日土砂を運ぶのが仕事で、食事は芋飯の盛り切りだった。何か副食物でも見つけたいと思ってもなにもなく、毎日が空腹続きであった。

交替で昼夜の区別なしの作業であったが、夜業の時など決まって敵機襲来の空襲警報が鳴り響き、そのつど消灯して防空壕に飛び込みかくれるのであった。ある晩、午前二時ごろであったか名古屋の大空襲を見たが、空襲警報のサイレンが響いたと思うまもなく、敵のB—29の大編隊がゴーゴーと雷のような爆音をたてて通過して、名古屋方面の空が真っ赤に染め出されて、まるで火の海を見るようであった。

七月の中ごろ、徴用の期間をどうやら勤めあげて帰郷したが、そのすぐあとでこの各務ヶ原付近は大空襲を受け、大変な被害を受けたことを新聞で知り、ゾッとしたことである。

# 人の来ない静寂な穂高

昭和二十年にはいってから小屋を釘づけにしてあるとはいえ、だれかがこじあけて泊まり、昭和十一年のときのような失火をやらないとも限らない。とても心配になったので、八月にはいって息子の広勝を連れて見回りに行くことにした。

白出沢のガレ場を登りはじめると、なつかしい小屋の屋根が見えてきた。無事に建っている！　このうれしさはたとえようもない。

戸の釘を抜いてあけると、カビくさいにおいがムッと鼻をつく。窓を全部あけはなち、ふとん類を運び出して屋根に干した。とても二、三日では無理なので、もっと滞在することにして、荒れ放題の登山道を少し整備することにした。

奥穂、北穂、涸沢、白出沢にかけての道は、人の通ることが少なくなったので、すっかり荒れ切っている。穂高の浮き石は、うっかりすると転落事故を起こしやすい。いずれ戦いが終われば、また登ってくる人もふえてくるだろうから、いまのうちに手入れをしておこう、こう思ったからである。

しかし、下界のせっぱつまった空気に比べて、なんという静かな穂高であったろう。

もちろんラジオもなく、そのとき戦局がどう進んでいるのか察すべくもなかったが、八月初めまでの推移をみれば、もうドタン場まできていることは明らかだった。だから飛行機の爆音や、はるか遠雷のような爆撃の音を耳にすることもあったが、私と広勝のほかにはだれもいないこの小屋の、風の音と落石の音以外、何も聞こえぬ静寂さは、いったいどこで戦争が行なわれているのか、と疑わせるほどのものであった。

十日ばかり小屋にいた間に、それでも客が二人たずねてきている。一人は北穂小屋の主人の小山さんで、

「だれもこないし、あんたのところはどうなっているかと様子を見に寄ったんだよ」

という。〝人の来ない穂高〟はすなわち〝戦争に病める穂高〟であって、やはりこの異常な静かさは悲しいことなのだと二人で話し合ったことだった。

もう一人は応召を受けた青年で、出征前にわざわざ東京から山へやってきたのだという。

「穂高を見おさめにきました。戦地に行けば生きて帰れないと思って……」

こういう彼に、同情と人なつかしさも手伝って、大いにごちそうしてあげた。

青年はもう一日泊まりたいというので、私は涸沢をおりて横尾へ行き、岩魚を釣ってくる気になった。青年と広勝と三人で、岩魚をいっぱい食べたくなったのである。

横尾への道は、人通りがないのですっかり荒れているし、草におおわれて歩きにくかった。

ようやく横尾の梓川に着いてみると、岩魚がいるわいるわ。やはり釣り人がはいってこないので、驚くほど繁殖しているのだ。またカモシカの姿も、ときどき見えかくれしている。人の来ない梓川べりは、まさに動物たちの別天地なのだ。山へ人がはいってもらわねば、山のすばらしさは味わってもらえないし、そうかといってはいり過ぎられては、動物たちを追い払ってしまう。また自然をこわしてしまう。観光事業のむずかしさを、妙なところでつくづく思い知らされたのだった。

ところでこの青年は、山からおりて入隊しようとした寸前、終戦になってしまったと、のちに知らせてきた。しかし昭和二十年のシーズンに、私の扱ったただ一人の山の客ということでとくに印象が深い。

終戦後、平和の訪れとともに、食糧事情が悪いにもかかわらず、穂高に再会しにやってくる人もぼつぼつ出てきた。〝国敗れて山河あり〟とはこのことで、戦争に敗れても泰然とした山を愛する人には、腹のすいた、そして疲れたからだにムチ打って登ってくるだけの気力があったわけだ。

## 大増改築して穂高岳山荘へ

終戦後、十年近くもなると、登山者も激増して穂高小屋もまた手狭になってきた。そこで三十年に増築の事を決め、三十三年に完成したのであるが、この間随分と苦労した。これについて少し語っておこう。

三十一年までの二か年は、諸手続きと敷地の拡張に費やした。岩石の尾根を平らにする敷地造りがまた大変で、掘り下げる地下はすべて岩石であり、しかもそのすき間はすっかり氷に閉ざされていて、ちょうど岩石と氷のコンクリートといったところだ。堅くて鶴はしでもこわれないから、仕方なく表面に現われた氷が太陽の熱で自然に融けるのを待って仕事を進めなければならない。これがなかなかはかどらなくて困ったものである。

三十二年の四月には、用材伐採に白出沢へ入ったが、下旬には大雨が続き、予定の仕事は進まず補充の人夫衆もなかなかきてくれない。気をもんでいたある夜、篠突く大雨となり、天幕張りの小屋は雨もりがひどく寝ることもできなくなった。仕方なく炊事小屋に火をたいて、終夜語り明かしたのだが、その夜半過ぎ、ドエライ音と地響きが起こった。驚いて飛び出して見ると、向かいの斜面の二メートルもある積雪の上を、真っ黒いナダレが押し出してゆく。いやナダレではない、大地すべりであろうか、雪と土砂と岩石の洪水なのである。もしもこちら側だったらと思うとゾッとして、みんな顔見合わせたことであった。翌朝、行って見ると数百メートルも落下して、積雪の上に無残な土砂岩石の河原を残していた。

五月、白出に製材用、作業用小屋を二棟建て、自動製材機を置くことにして運搬にかかったが、これが重量もので分解しても十馬力の発動機は約四十貫（約一五〇キログラム）もある。数人の肩で担いで岩石のガラ場、細い岩壁の路を登るので苦しい。部品も多くすべてで三百五十貫（約一三〇〇キログラム）以上もあっただろう。

この時の杣主任は弟の今田辰次郎、大工主任は清水政太郎、人夫衆は三十名を越していた。製材した材木はつぎつぎに小屋まで運ぶのであるが、ここは有名な滝上のガラ場と雪渓の直登で、呼べばこたえる距離なのに登り二時間かかるところである。長尺物は横に背負うわけにいかないので、背負子に縦につけて背負上げる。十三尺（約四メートル）物などは平衡を失うと倒れる。うつむけばノメる、腰を伸ばせば後につかえる、と全く想像に絶する困難さであった。

それでも八月二十八日に土台を組むことができ、間口十間、奥行五間の二階建てで、最初に比べると実に十倍近くになった。

建て前は九月十六日から始まったが、午後三時ごろには小雪となり、十七日も雪降りの中で作業を続けた。十八日はさらに強風を加えた吹雪で午前中はどうにかがんばってみたが、午後はついにがまんできそうもなくなった。その時、清水棟梁が私のところへ来て耳うちするには「なんとしても建て前だけは今日じゅうにすまさなければならないので、みんなに気付けを飲ませたい。その気付けとは、焼酎三升に砂糖を入れて出してもらいたい」とのことであった。

さっそく準備して大工、人夫衆へ茶碗に二、三杯ずつ飲ませ、その意気で仕事にかかった。こうして吹雪もなんのそのとがんばったかいあって、作業は大いに進んだ。その晩は大いに飲みかつ歌って棟上げを祝ったことである。

翌朝は積雪三〇センチ、雪ははれ空は晴天で、それこそ白一色一面の銀世界である。岳の稜線はクッキリと出ているのに、山ひだは見わけもつかない。温度は零下七度、大工の墨壺も凍って墨を打つことができない有様だ。その日は一日、骨休みとした。

しかし困ったことには、このまま雪に降り込められたら材料の運搬も、土工事もできず雪融けを待たねばならない。小屋も建て前ができたばかりで、このままでは冬の嵐に吹き飛ばされてしまう。特に冬期登山者の避難宿舎が無いことは何よりも申しわけがない。是が非でも本屋の外壁と冬期小屋の建築だけは仕上げようと決心した。

まず冬期小屋の敷地から作らねばならないが、人夫は次第に少なくなるばかりで、もう時期がおそく補充がつかない。しかし帰りたがる大工を引きとめ引きとめて、ついに予定の外壁と冬期小屋が九月二十八日にでき上がったのである。

難所中の穂高岳山荘の大工事で随分と心配したが、だれ一人のケガもなく、冬期登山者の宿泊が可能となったことが何より喜ばしいことでありました。

この時の手伝いの方々は今田辰次郎、村山久雄、今田勇、川幅弘、内方重蔵、内方信夫、和仁謙一郎、戸田常三、輪方政吉、表隆成、松井義雄、神岡山岳部員の小谷利夫、坂下明、古田初太郎、浦田中一、住進吾、大西文雄のみなさんであった。

さらに神岡町北飛山岳会有志より「穂高岳山荘」の大看板の寄贈をうけた。なおその後、書家の野中鳴雪さんからやはり「穂高岳山荘」の看板の書をいただいたので、これは楠の板を特注して造り、現在それぞれ両方の建物に掲げてあります。

九月二十八日、冬期小屋のでき上がったその日の夜明けであった。白出沢の方がにわかに光り輝き、暖かい風がサッサッとして吹き上げ、その音とともに銀色にまぶしい大蛇が両眼をキラキラ輝かせ、長い舌をペロリペロリと出しながら近寄ってくる。あたりの雰囲気は楽しさ一ぱいで、蛇の姿もやさしくみえるのである。南側の入口から部屋の中にはいった蛇は、部屋一ぱいになって寝込んでしまった。長さは五、六メートルあるようにみえた。

夢であった。目が覚めてもその姿がはっきり目に焼きついている。ちょうど十日前の吹雪の建て前の夜、内方重蔵君がやはり一升樽ほどもある大蛇が白出谷から登ってきて小屋の食堂へはいり込み、寝込んでしまった夢を見たと驚いて語っていたが、いま自分も同じ夢を見るということは、これはきっと奥穂高の頂上にお祀りしてある穂高の神様が、小屋の新築ができ上がったのでお泊まりにきてくださったのに違いないと思うと、穂高の山々とともにいつまでもいつまでも、生きながらえていたいものと思ったことであった。

## 風力発電機の設置

岳の灯火にもローソク、ランプ、ランタン等々ずいぶんと苦労したし、また岳の強風にもいろいろと悩まされてきた。小屋を開設した当時から、この風を発電に利用することをずっと考え続けてきた。ある時、岐阜県庁では山村の電気のない部落に補助金を出して、発電の建設を促進していると聞き込んだので、さっそくあちこち手配をして補助金の申請、機械の注文を出した。

昭和三十六年、何とか目鼻がついたので取りあえず、出力三〇〇キロワットのものを一台据え付けることになった。機械材料の運搬にはまったく苦労したが、先ず奥穂高寄りに丸太三本を組み合わせた櫓《やぐら》を建て、その上にプロペラ付き発動機を取り付けたのである。非常に調子がよく、各部屋に点灯したときには奥穂高も急に、文明の中に飛び込んだようであった。しかしあちらこちらに増灯していると、どうしても三〇〇キロワットでは不足してきたので、翌年また同じものを一台増設した。

バッテリは秋になって下山のとき下界に降ろし、春入山する際に充電して背負い上げるようにした。ところが思わぬ事故の起こるもので、風の少ない日には充電しないことがあり、烈風の時にはプロペラが回り過ぎてモーターが過熱する。そこでプロペラを柱にしばり付けて止めたりするなど、なかなか調整がむずかしいものであった。突風がきてプロペラを破損したこともあったが、風力電気の会社は北海道にあるため、部品の取り換え修理に日数がかかり、また職員の出張を必要とするときなど、相当待ちぼうけを食ったものだった。

これは建設中の話であるが、その職人が急に盲腸をわずらい、夕方五時ごろから背負い下ろしにかかり、柳谷からは自動車を駆って神岡の清水病院に担ぎ込んだ。夜十一時には、手術することができてホッとした。一刻を争う病気なのに、道中に長時間を要したのでどうなることかと心配したが、結果は大変良く全快した。

この風力発電機二台を建設するのに、金十八万円を要したのであるが、県からの補助は四万円であった。その後、岳への荷上げはヘリコプターを利用するようになり、油をたっぷり使えるので、現在では風力から油に切り換えている。

## 貴重な水源〝穂高水道〟

ついでにもう一つ、山荘の自慢というか、苦心談を語っておこう。それは〝穂高水道〟ともいうべき貴重な水のことである。三〇〇〇メートル級の高山、それもやせたコルや斜面の狭い岩ダナにある小屋は、夏のシーズンは水で苦労する。小さな小屋ならそばの雪渓を切ってくるか、雨水をタンクにためたもので間に合うが、大きな小屋になると、それではとうていまかないきれない。近くに大きな雪渓があればいいが、それはたいていかなり離れた急斜面にあるか、小屋より低い部分にあることが多く、水を引いてくることは非常に困難である。

私の穂高小屋も、増築する前は涸沢側の雪渓の氷を切り取ってはそれを屋根に運び上げ、天日で溶かしてタンクにためていた。しかし増築するに及んで、とてもそれでは間に合わなくて困るようになった。八月初めのシーズン真っ盛り、早朝の出発時と夕方の到着時には、いっせいに水を使うのでときどき断水状態となる。

事情を知らない最近の若い人の中には、

「なんだ、水も出ない山荘なんてあるかい。宿泊賃を割り引いてもらおう」

と悪口をいう者も出る始末。たしかにサービスとしてよくないのだから、なんとかいい方法はないものかと考えた。

そこで三十四年の夏に、山荘の北約二〇〇メートルほどのところにある涸沢岳の雪渓に目をつけ、入念に調べて見当をつけた。やや遠いが可能性のあるのはこれしかないと思った。ひと冬越して翌年の六月、まだ雪の深いその雪渓に大きな入り口を作り、雪のトンネルを掘っていった。

約一五メートル掘り進んだとき、予想は的中した。大きな岩にぶつかって、その下に雪どけ水があふれ返っていたのである。つまりそこが、小さなダムを形づくっていたわけだ。私はこれに「天命水」と名付けた。しかしそれだけで喜ぶわけにはいかない。もしこの水源が、山荘より低ければ、揚水機でも使わない限り水を引くことはできない。揚水機を設ければ金はかかるし、また送水能力もぐっと落ちることだろう。

私はピッケルを水準器がわりにして測ったりした結果、ようやく山荘が三メートルほど低いことを知った。このときのうれしさといったら、まさに筆舌に尽くしがたい。

さっそく直径五センチのゴムパイプを送水管として、山荘から涸沢岳の絶壁をはわせ、水源に結んだ。山荘前の水飲み場の蛇口からほとばしる清冽な水。ちょうど梅雨のあけたときで、登山客がつぎつぎと到着してくる。「これでみんなに喜んでもらえるぞ」と思うと同時に、「水のありがたさをよく知ってもらいたい」と強く感じた。

それで水飲み場に「使用されたら一回十円」と立て札を立て、箱を置いておいた。水を売るのでなく、高い山でいかに水が大切なものか、この水を引くためにシーズン前後、絶壁で危険きわまる送水管の架設作業をする人のいることを、よく認識してもらいたかったのである。

しかし、その夏シーズンが終わって箱をあけてみると、わずか数百円しかはいっていなかった。そしてそのあげく、かん詰めのコーラ、ジュース類の売り上げは、何分の一かに減ってしまった。もちろん茶店ではないのだから、ジュース類の販売を当てにしてはいない。だけれども、山での水のありがたさを知ったなら、水を買うのでなく、気持ちを置いていってもいいのではないだろうか。

その翌年も、またその翌年も、そして現在に至るまで同じ状態がつづいている。でもある登山客から、つぎの手紙をいただいた。

「友人の話で、山での水がどんなに貴重なものか知りました。あのとき十円を入れなかったおわびと、山を知らなかった自分を恥じて、これを同封いたします」

中には五百円がはいっていた。

## スキーと私

私ら少年のころは、スキーをまったく見たことがなかった。冬山登山が盛んになってスキーが使われるようになっても、しばらくはガイド強力たちは輪カンジキを履いて同行していた。もう五十余年の昔になるわけだ。

大学の学生が長いものを足にゆわえつけて滑って行く、あれは何だろうと不思議に思ったくらいである。同行してみれば学生たちは、平地でも柔らかい雪でも楽々と行く。輪カンジキ組は柔らかい雪になれば潜ってしまう。ラッセルすれば遅れ疲れははげしい。

スキーは便利なもの、雪山には欠かすことのできない必要品であることをつくづくと知った。若い者たちは、学生からスキーを借りて習い始めた。私も少し乗れるようになり、おもしろくなってきた。荷物を背負っても潜らない。足の疲れも少ない。ことに降りときたらとても速い。登りにしてもスキーの裏にシールをつければ、輪カンジキの人よりも速く登れる。

こうしてスキーの便利なことはわかったが、さて、問題なのは値段の高いことであった。当時の私たちの生活では、とうてい手の届かないものであった。そこで私は、山から質の良い材を切り出し、それを自分で挽き割り乾燥させ、大工に頼んでスキーのかっこうに作らせた。頭部のそりは、石油かんに湯を沸かして自分で曲げた。良いスキーというにはほど遠いが、ある程度の型はでき、丈夫そうで自分ではまずまず満足のいくものになった。金具類は新潟から取り寄せ、スキー靴は東京の高橋靴店に注文した。当時、この地方ではどこを尋ねてもスキー用品などの部分品の販売店はなく、杖も自分で作った。

その後、スキーの発展普及は早かったが、相変わらずスキーは高価なもので、山間部では大人も子供もいろいろと工夫して、ほとんどは自作品であった。私も幾組かスキーを造るうちに、冬の仕事にこのスキー製産を思いついたのである。そこで懇意な大工と、販売に当たる人とで話し合い、三人共同でスキー工場を始めることにした。スキー材は私が手配して山から切り出す、大工は加工する、私が頭部の曲がりとか弾力づけの工夫をするといった工程である。だれに習うこともなくスキーを作るのであるから、売れるようになるまでにはなかなかの苦労であった。しかし値段も安くつき、丈夫であることが山間向きであり、子供から大人までスキーをはくようになってきたため、売れ行きは良好となった。そのうち自慢ではないが、かなり良いものができるようになり、他県はもちろん、東京の銀座までも販路を広げるまでに発展してきた。工場も拡張し、廃材でスプーンやフォーク、ナイフを作り、これがまた内地から外地までも相当数を送り出すようになってきたのである。

だがそれもつかの間、昭和十二年、支那事変が起こって戦争に突入すると、世相はガラリと変わってきた。スキーの需要は減り、平和産業は不振となり、すべては軍需生産に振り向けられることとなったので、ついに軍需工場として人手に渡してしまった。

しかし多年親しんできたスキーと別れるのも残念で、その年から自宅にスキー販売店を開いてずっとつづけてきた。昭和四十二年になって、飛驒神岡流葉スキー場に「流葉ロッヂ」を建設すると同時に、長年営んできたスキー販売店を閉業したが、今「流葉ロッヂ」では毎冬期スキー学校を開設して多くの若人がスキー技術を磨いている。顧みて全く感慨深いものがある。

# 遭難と救助

## 山のきびしさを理解して……

そろそろ、山で遭難した方々の悲しい、あるいは九死に一生を得た話をしなければならない。

山に遭難はつきものであるが、それが死に達するものか、重傷にあえぐものか、あるいは軽いケガか無事ですむという三つの場合がある。山に登る者にとって、このいずれかに遭遇するのはまことにやむをえないことだ。なぜなら山は巨大で力（自然の）が強いのに、人間はまことに小さく弱いからである。

そして山に登る者と山とのつりあいがとれていれば、たとえ遭難しても無事でいられるが、そのつりあいがくずれたとき死への比重が強まってくる。

このつりあいをくずすものが、山であるか、それとも人であるか、その双方であるかでその遭難の度合いも変わってこよう。

しかし、いずれにしても山における遭難は、登山者の準備不足、不注意、無理強行などが原因となることが大部分である。つまり人が、つりあいをくずすことが多いわけだ。

天候のいいときにはなんでもない山も、いったん天候がくずれると、アッという間に恐ろしい修羅場と化する。地上では全く考えられないような温度差と気圧の変化、風雨、風雪の暴力でのしかかってくる。小さな人間などひとたまりもない。これを知らずして、また知っていて危険をおかして登ることが、すなわち山とのつりあいをくずすことになるのである。

ウェストンによって日本登山の黎明《れいめい》期を迎え、小島烏水氏が槍ヶ岳に登った明治三十五年の一月二十五日、青森の八甲田山に弘前の第八師団が雪中登山行軍を行なった。山にわけ入るに従い、猛吹雪となって、道が全くわからなくなってしまった。

防寒具はもちろん着けていたが、靴は普通の軍靴のままだし、その日のうちに下山する予定だったから夜営用の準備などしていなかった。だから山案内人をつけずに強引に登った第五連隊は、道をさ迷って夜に入り、寒さと疲労こんぱいの極みに達して、二百余名が凍死するという悲運にあった。

ところが山案内人をつけて登った他の連隊は、道に迷うことなく無事に下山したのである。

これをみると、いくら猛訓練といっても、吹雪の中を強引に登ったこと、山案内人をつけなかったことの二重の過失を犯した部隊が、大きくつりあいをくずして大量遭難を招いている。しかし、案内人をつけるという安全弁をつけた部隊は、なんなく遭難をまぬかれたのだ。案内人を一人つけたかつけないかで、運命が左右されるのである。

八甲田山の例は、冬山における大量遭難の初めといえるが、その後登山人口が増加するに従ってふえており、とくに北アルプスでは天候の急変がはげしいため時折り、大量遭難を出している。最近では昭和三十八年の薬師岳の事故が大きかった。やはり日程上の無理と、山に対する不注意がそれを招いていることは明らかである。

冬山にくらべて夏山の遭難が、ぐっと少ないのは当然のことだが、それでも届け出のない小さな事故も合わせると相当な件数にのぼるだろう。穂高だけでも、最近は年間三十件以上の遭難事故を数えている。私たち山に暮らしている者には、山のきびしさはわかり過ぎるほどわかって、無理は絶対にできないのだが、山に時たまやってくる都会の登山者には、それがよくわかっていない。なんとかなるだろうと安易な気持ちで無理押ししているうちに、山の巨大な力の前にアッという間に屈してしまうのである。

山にいっぺん登った者は、山のすばらしい果てしない魅力のとりこになるだろう。それは非常に結構なことで、山を愛する気持ちはすなわち、人を愛する心につながる。

平地ではつのつき合わしている人たちが、山の上では和気あいあいと話し合い、協力することがそれを証明している。

だから、山へはどんどん登っていただきたいのであるが、山のきびしさをよく理解して、謙虚な気持ちを失わないで行動することをお願いしておきます。

## 大島亮吉さんの遭難

〝サルも木から落ちる〟のたとえはあまりよくないけれども、ベテランでも山からすべり落ちることがある。決して不注意ではないのだが、たまたま不注意につながる事故に運悪くぶつかった、としかいいようがない。

それは昭和三年、秩父宮様を奥穂にご案内した翌年のことである。

まだ雪深い三月二十五日朝、私は客の伊藤愿さんを案内し、涸沢の台地（いまの涸沢ヒュッテのあるところ）でスキーをアイゼンにはきかえて、北穂めざして出発した。

横尾から涸沢までいっしょにきた慶応ＯＢの大島亮吉さんら四人のパーティーが、すでに前穂北尾根のはしにとりついているのが見える。

天気もいいので、大島さんたちはいい山登りができるな、と思いながら登っていくと、しだいにガスがかかってきた。

「これはまずい、こういう日にはかえって悪くなることも……」

といっているうちに、ガスはますます濃く巻いてきて、ルートがまったくわからなくなってしまった。

「これ以上は無理だ。あぶない。引き返しましょう」

と伊藤さんをうながして引き返し、涸沢まで戻ってくると、ガスの切れ間から北尾根をやはりあきらめて引き返してくる慶応のパーティーが見えかくれした。

ところがその四人パーティーが、いくらひとみをこらして数えてみても三人しか数えられないのである。

「おかしいな。一人おいてきたのでもないのだろうし、もしかするとだれか……」

と不吉な予感がして、私は脱ぎかけたアイゼンをはき直して、彼らのほうへ走っていった。

気づいて合図してくる先方の声は、やはり非常に沈んだものである。やがて双方が近づいて、学生の一人が口ごもりながら言った。

「大島さんが三・四のコルで落ちました。落ちたところを上から見たんですが、姿が見当たらないんです。どうしましょう」

「えっ、あの大島さんが……。とても考えられないな」

「ほんとうなんです。どこかにひっかかっているのじゃないかとも思いますが……」

「よし、これから雪が降るだろうから、その前に捜索だ。雪が積もったらめんどうになる」

私はさっそくみなをうながして、スキーをつけて四のコルの下一帯を捜して回った。しかし夕方近くまでの間に、大島さんのリュックサックとガマ口など二、三の遺留品は発見できたが、遺体はついに見つけることができなかった。
「やっぱり途中にひっかかっているのだろう。きょうはあきらめるにしても、雪が降れば春まではちょっとわからなくなるかもしれないぞ」

と、後ろ髪をひかれる思いで、遺体のみつからない現場に合掌して引き上げた。果たしてその夜、ふぶいて七〇センチほど積もった。しかし私は、常さんと本郷さんに通報して、雪の北尾根の壁や沢をいっしょに捜して回ったが、やはり徒労に終わった。

この大島亮吉さんのことを、いまの若い方々はあまりご存じないと思うので、ちょっと述べておこう。大島さんは、慶応の大先輩であり、山の先達である槇有恒氏の直弟子ともいうべき登山家で、筆のたつ人であった。

山に関する文、紀行文をいろいろな雑誌に寄稿して注目をあつめていた。その一つに「涸沢の岩小屋のある夜のこと」というのがあるが、当時の涸沢の情景を非常に美しい文章で表わしていられるので、ここでちょっと紹介させていただこう。

＊

自分達のグルッペではこの涸沢の岩小屋が大好きだった。こんなに高くて気持ちのいい場所はあんまりほかにはないようだ。大きな上の平らな岩の下を少しばかり掘って、前に岩っかけを積み重ねて囲んだだけの岩穴で、それには少しもわざわざやったという細工の痕《あと》がないのがなにより自然で、岩小屋の名前とあっていて気持ちがいい。そのぐるりはまあ日本ではいちばんすごく、そしていい岩山だし、高さも二千五百米突《メートル》以上はある。これほど高くて、自由で、感じのいい泊まり場所はめったにない。人臭くないのがなによりだ。穴の中に敷いてある偃松《はいまつ》の枯れ葉のうえに横になって岩の庇《ひさし》の間から前穂高の頂や屏風のグラートとカールの大きな雪面とを眺めることが出来る。そのかわりいつもしゃがんでいるか、横になっていなければならないほどに内部は低い。景色といっては、なにしろカールの底だけにぐるりの岩山の頂上とカールの岩壁とそれに前に涸沢の谷の落ちてゆくのが見えるだけで、梓川の谷も見えない。そしてそれにここはあんまりくるものもいない。実にしずかだ。そこが好きなんだ。米味噌其ほか甘いものとか、飲み物のすこしも背負い込んで、ここへやって来て四五日お釜を据えると、まったくのびのびして、はじめて山のにおいのするところへきたような気がする。

　天気のいいときは、朝飯を食ったらすぐとザイルでも肩にひっかけて、まわりの好き勝手な岩壁にかじりつきに行ったり、またはちょっとした名もないようなNebengipfel や岩壁の頭に登ったりして、じみに Gipfelrast を味わってきたり、或いはシュタイマンを積みに小さなグラートツァッケに登るのも面白い。そうしてくたびれたら、岩小屋へ下りて来て、その小屋の屋根になっている大きな岩の上でとかげをやる。とかげっていうのは仲間のひとりが二、三年前にここに来て言いだしてから自分達の間で通用する専用の術語だ。

　それは天気のいいとき、このうえの岩のうえで蜥蜴《とかげ》みたいにぺったりとお腹を日にあったためられた岩にくっつけて、眼をつぶり、無念無想でねころんだり、居眠りしたりする愉しみのことをいうんだ。そのかわり天気の悪いときは山鼠だ。穴へはいりこんで天気のよくなるまで出ない。出られないのだ。しゃがんでいてもうっかりすると頭をぶっつけるくらいに低いところだから、動くのも不自由だ。だから奥のほうへ頭を突っ込んで横になったきりにしている。

〈中略〉

それは実によく晴れわたった、おだやかな夏の夕べだった。眼の前の屛風のギザギザした鋸歯のようなグラートのうえにはまだ夕雲はかがやかに彩られていた。そしてひと音きかぬ静けさがその下に落ちていた。おおらかな夕べのこの安息のうちに山々は自分達をとりまいて立っていた。自分達はこれからこの涸沢のカールの底にある、自分達にはもう幾晩かのなつかしい憩いと眠りのための場所であった、あの岩小屋へと下りてゆくところだった。自分達の右手の高きには前穂高の嶺《いただき》がなおさっきの夕焼けの余燼《よじん》で灼《かが》やいて、その濃い暗紫色の陰影は千人岩のうえまでものびていた。そしてはるかの谷にはすでに陰暗な夜の物影がしずかにはいずっていた。自分達はそのころ漸く岩小屋にかえりついたのだった。そして偃松の生《なま》枝《えだ》をもやしては、ささやかな夕餉《ゆうげ》を終えた時分には、すでに夜は蒼然と自分のまわりをとりかこんできていた。それはまたすばらしくいい夜だった。素的に星の多い晩だった。高いこの山上をおし包むようにおおきな沈黙がすべてを抱きこんでいた。

火のそばをすてて、自分達は岩小屋のなかから外にでた。そして前にあった岩にみんなおのずと腰をおろした。冷やかな山上の夜は自分達のうえに大きくかかっていた。晴れきった漆黒の夜空のなかで、星が鱗屑《うろくず》のようにいろいろの色や光りをしてきらめいていた。四人とも黙って岩に腰をかけたままじっと何かについて思い込んでいたりパイプばかりくわえて黙っていた。けれどもそれはこのような夜の周囲にはほんとにしっくりと合った気分だった。山は雨や風の夜のように底鳴りしたりしないので凄みはなく、圧迫的でないけれど、あんまりおだやかで静かなので、そこにひとつの重味のある沈黙というものを示していた。

「山は時としてはその傍観者に自らのムードを圧しつけることがあると同時に、また傍観者は屢々《しばしば》山が彼自らの気分と調和してくれるのを経験することがある」とマンメリイだかが言っていたが、そのときの自分達の気持ちはたしかに後者のようなものがあった。自分達のうしろにも横の方にも、闇のなかに真っ黒に岩壁や頂がぬっと大きな姿で突っ立っているけれど、自分達にはこの時はちっとも恐ろしくも見えなければ、もの凄くも思われなく、寧《むし》ろこのぐるりを半分以上もとり巻いている山を、親切な大きな風よけぐらいにしか、親しくおもえてならなかった。そうしてその真ん中の小さな岩小屋は自分達のような山の赤ん坊の寝る揺籃《ようらん》みたいにおもえてしようがなかった。言い方が可笑《おか》しいかも知れないが、それほどいやに山が親しみぶかく見えたんだ。だけれど、ただひとつこのあまりの静かさが自分達に歌を歌わせたり、笑い話させたりさせないのだ。たしかにこの時の山のムードと自分達の気持ちとはハーモニィしていた。

青春の山として穂高を愛し、涸沢生活に命をひたむきにした大島さんを知るのに、これがもっとも適切であろう。

＊

さて三月二十七日、快晴にめぐまれたのでさらに捜索をつづけた。しかし遺体を発見することはできなかった。

「途中にひっかかっていても、小さな雪崩で下に落ちれば見つからなくなるよ」

と話しながら引き揚げかけたとき、梓川の電力工事にきていた慶応の先輩で、大島さんを知っている人に出会った。さっそく工事人夫五十名の応援のもとに、大々的に捜して回ったが雪が深く、遺体を閉ざしたままだった。

もうこれ以上はまったくむだだというので、定期的な見回りはつづけるが、雪がとけはじめたら改めて大々的に捜すことにして解散した。

それから二か月たった六月一日、常さん、中畠さんと私の三人が、本格的雪どけ前の見回りに出かけた。北尾根下の遭難現場付近で一休みしていると、常さんの愛犬がやや離れたところでぐるぐる回り出し、うなったりほえたりしている。

目をこらしてみると、犬はなにか黒く見えるものを中心に回っているのだ。

「おい、もしかすると大島さんじゃないか」

「それっ！」

と三人はそのほうへ駆け寄った。

まさしくそれは大島さんであった。遺体をおおっていた雪がとけた直後らしく、まだ生けるがごとき状態であった。

私たちはしばらく瞑目《めいもく》したのち、遺体を収容したのだが、その位置は最初に遺品の発見されたところとは、まったく別の沢だった。私たちは大島さんが遭難したとき、遺品の見つかったところを中心に捜していたし、また遺体の余熱が雪をとかして沈み、その上に新雪がかぶったために、なかなか発見することができなかったのである。

慶大山岳部では、遺体発見に尽力したお礼として、私たちにスイス製のピッケル〝ビヨレンシュタット〟を下さったが、これがのちに私の遭難救助活動に大きな力を与えてくれた。

一例をあげれば、ザイルでつないでいた私ら五人がクレバスに落ちる寸前、このビヨレンシュタットのおかげで止められたこと。このとき五人の重みで、ピッケルにザイルのあとがくっきりとつけられていた。

私にはなにか、大島さんの魂がこのピッケルにこもって、いっしょに働いてくれているように思えてならない。いまも愛用して私の心のささえとしている。穂高に生き、穂高に死した大島亮吉さん。ガスのうず巻く北尾根に落ちたことは、おそらく足を踏みはずしての事故にちがいないが、まことに惜しんでも余りあることだった。あの温顔にも、流麗なる文章にも接することのできなくなった寂しさは、それからあとずっと私たちにつきまとっている。私の遭難救助史の中で、最も心に残る一つである。

## 穂高岩場（前穂北尾根四峰）の遭難

昭和六年七月中ごろ、梅雨のように降り続いた雨が一週間ぶりに晴れあがった日であった。前穂高北尾根を縦走していた東京高師付属中学山岳部一行の学生三人が、四峰で岩くずれにあい、そのうちの一人が奥又白谷側へ転落してしまった、という救助依頼が飛び込んできた。急報を受けた私は、取りあえず一応の薬や道具をそろえ、小屋の従業員内方重蔵を連れて現場へ急行した。遭難者は岩場から落石とともに転落し、さらに雪渓の上を二〇〇メートルほどもすべり落ちて、その雪渓の端の岩場の間にできたクレバスに落ち込んでしまったのである。相当の重傷で、一刻も早く救出する必要があるが、場所が悪く背負い出すこともできない。下は奥又白の絶壁とクレバスの連続で、上高地へ運ぶにはどうしても一度稜線まで上げ涸沢へおろすよりしか方法がない。一行の了解を得てその準備にかかる（後に現場の下部を下から偵察して、その判断が誤りでなかったことを知った）。近くの尾根に生えているダケカンバとハイマツを切り取ってきて芝舟を作り、毛布を敷いて寝かせザイルでしっかりと結び付けて、雪渓を引き上げるのだ。しかし人手不足の上、急傾斜の雪渓を一歩一歩、ステップを切って力を合わせ、一息ずつ引っ張りながら登るので大変な労力を要した。四峰と五峰の鞍部まで、二〇〇メートルの雪渓の壁を三時間以上もかかって、午後六時過ぎになってようやく引き上げた。

ここで涸沢から三人の救助応援の人たちが到着し、この困難な仕事に加わる。これからは涸沢まで雪渓の降りになるので、幾分楽になるはずだと少々楽観していたが、ここにも登りに増す危険があった。救助の四人と内方には芝舟の操作にあたってもらい、私は一人でザイル確保をひきうけた。後ろ向きの姿勢で雪渓に深く差し込んだピッケルを、さらに膝頭で支え、ザイルを徐々に繰り出しながら下降する。そのうちに突然下から「止めてくれ！」という叫び声が飛んできた。芝舟が急斜面に乗って滑り落ちかけたのである。私は驚いて確保に使っていたピッケルにザイルを、さらに巻き付けて急停止をかけた。一瞬の出来ごとであった。芝舟と四人がぶら下がる力は強力なものであるが、危うく落下を食い止めることができた。

芝舟の方を見れば、大きな岩壁との間にできたクレバスにあと一歩の所で止まっていた。神の助けは本当にあると思った。この時もし止めることができなかったら、全員がクレバスの中に引き込まれ即死していたことであろう。今でも私のピッケルには、この時にザイルでしめつけてくびれた(藤巻)跡がクッキリとついている。それを見るたびに私の良い教訓となり、懐しい想い出の一刻を持つことができるのである。

この遭難した学生は、時の著名な政治家中野正剛氏の長男、克明(十八歳)君であった。克明君は涸沢まで芝舟で運ばれ、後は救助隊員に背負われて上高地へ向かったが、途中で父からの「カツアキ、シッカリシロ、チチ」の激励の電報を友人から読んで聞かされ、必死でうなずいていたそうであるが、ついに明神池の付近で息を引きとられたのである。

当時が今ほどの通信機関と道路と救助体勢がととのっていたら、前途有為な青年を救うことができたものをと惜しまれてならない。

# 穂高岩場（北穂高）の遭難

案内人を含めて一行六人、穂高小屋を出発して縦走路を槍ヶ岳へ向かった。穂高連峰はどこも岩場ばかりであるが、特に北穂高の飛騨側は山肌がもろく、下は崩壊性の岩層でその上に大小の岩がすわっているような処である。

縦走路は涸沢岳のクサリ場を降りて、北穂高南峰でぐっと飛騨側を巻いて行くところがあった。上部は飛騨側になるが、下部で信州側に切れ込んだ地形のところで、ここに大きなオーバーハングの岩があった。一行のうちの二人が其の岩の上に乗り、端の方へ歩いて行った瞬間、岩が動き出した。アレッという間に岩は二人を乗せたまま、グラグラと崩れはじめ轟音とともに北穂沢へ崩れ込んでいった。

先頭にたって降りていた案内人、島々口の川上辰一君は、叫び声と岩崩れの音を聞くととっさにそばの岩壁に身を張りつけた。その足元を幾つかの岩石が風を切って落ちていった。危うく足をさらわれるところだった。一瞬、ぼうぜんと立ちつくしていた川上君は、事態の容易でないのをみて、穂高小屋へ急を告げに飛んだ。余りのショックにあわててしまい、小屋に着いても言葉にならず、ただ口をモグモグするだけであった。

　ちょうどその時は、小屋に名古屋医大の研究所があり、お医者さん二人が居合わせたので同行を頼み、人夫四人とともに現場へ向かった。着いて見ると岩に乗っていた二人のうち、一人は即死、一人は足の骨折と腰の強打で重傷であった。負傷者は一刻の猶予も許されないので、人夫四人をつけて涸沢へ運び出させ、私は遺体を背負い一人で運ぶことにした。

　この縦走路は以前からよく崩れて、通行不能となることがあったので、そのつど人夫を出して修理してきたが、岩はもろく手のつけようもないところであった。そこで徹底的に直す必要があると思い、危険な岩石を根こそぎ落として、安全なところにしようと決心した。私は自分のからだを安全な岩にロープで確保し、安全な方向から、崩れそうになっている岩を目がけて石を投げつける。

　数回やっているうちに岩がゆるんだか、付近一帯に岩崩れが起き、危険な岩は地響きと共に崩れ落ちてゆく。繰り返しているうちに、ほぼ安全になったと見込みがついたので道を改修し、その後はしばらく何ごともなくなった。

　この川上君一行が遭難したのちは、飛騨側の道は通れなくなったので、信州側を巻く今の道に切り替えた。穂高の岩場は岩のもろいところがあるので、雪消えのあと、長雨のあと、あるいは浮き石に触れる時などは、十分注意して行動していただきたい。

## 奥穂高周辺にて五名凍死

昭和三十九年十月の初旬、私が下山していて留守中のある日のことであった。この日は朝早いうちは小雨であったが、しだいに荒れ模様となり八時ごろには強風が起こり、ヒョウに変わり、時間のたつにつれて濃霧も発生し、午後には雪さえまじえて一日じゅう大荒れの日となった。

山荘のお客様は、ほとんどが小雨の朝早く、それぞれの予定コースに向かって出発していた。この朝、涸沢から山荘の鞍部に向かって登っていたパーティーが二つ、西穂高から奥穂高へ向けた縦走中の男性の単独行、岳川〔現・岳沢〕を登ってきたらしい男女の二人組、少し遅れて六人パーティーなどがあった。

天候は午前十時ごろから、奥穂高一帯は強風をともなったミゾレとなってしまった。このころ涸沢から登ってきた六人パーティーが、奥穂の頂上近くで凍えて動けなくなっているアベックらしい二人を見つけた。何とか助けてやらねばならないと、手を尽くしている間にその辺一帯は霧におおわれ始め、風とミゾレはいよいよ強くなる一方であった。リーダーの鈴木氏は、自分らの身にも危険が迫っているが、死に瀕している二人を捨て去るに忍びない。

鈴木氏は意を決して五名の同行者を直ちに上高地におろし、自分一人残って通行者があれば急を知らせることにした。五人は奥穂高を越し、吊尾根を越して上高地に向かう。ちょうどこの時、西穂高から縦走してきた一人の登山者と奥穂で出会い、合流して六人となった。吊尾根を越して前穂高近くまできたころ、その一人の登山者が、ここで休憩するといい出してしゃがみ込んでしまった。五人はそのまま上高地にたどり着き、鈴木氏を待つことにした。

一方、遭難者の介抱に残った鈴木氏は、懸命の手当てをしたがその厚意もむなしく、二人ともその場でついに凍死してしまった。やむなくそこを捨て、一行の後を追うこととしたが、あたりは濃霧に取り巻かれ、荒れ狂う強風に歩行も意のように進まず、からだを伏せて前進しているうちに道に迷い、奥穂から前穂への下りを間違えて飛驒側に出ているセマ谷の上流に迷い込み、沢のガラ場まで下って、疲労の余り倒れて凍死しているのを後日発見された。

同じ日、同じ時刻ごろ、男女二人のパーティーが涸沢から山荘を経て奥穂高へ向かって登っていった。頂上近くは濃霧で暗く、ミゾレと雨と強風で荒れ狂っており、二人は別れ別れになってお互いに捜し求めていた。そこへ運よく上高地から登って来た六人パーティーが、女の方を見付け助けて穂高小屋にたどり着いた。時に午前十一時ごろであった。

嵐《あらし》の日の山小屋は、ストーブを囲んで歓談の花が咲いている。その女性も終日、火にあたっていたそうである。山荘にはまだ何の通報もはいらず、外の嵐に引きかえ、室内は平穏そのものであった。

夕方になり、従業員も夕食の仕度にかかったころだった。その女の客人が、連れの人がこないから迎えに行くといい出した。驚いたのは山荘にいた人々である。外はミゾレが雪となり、目もあけられぬ大吹雪で女の身などで出られたものでない。それよりも五時間もの間、同行の男性の話を一言もいわなかったのはどうしたわけか、相手を捜し求めて彷徨《ほうこう》しているであろう男性の安否について無関心なのは、彼女が余りの重大さにぼう然自失していたのであろうか。

山荘の強力、尾曾賢隆君と林隆久君が捜索に行くこととなり、身仕度を厳重に調えて出発した。奥穂の稜線伝いは強風に飛ばされるので立って歩けず、四つんばいになってジリジリ進む。山荘から一〇〇メートルも登ったと思うあたりに男の人が倒れており、まだ幾分体温もあるので急いで山荘へ運び込み、長い間介抱致したがついに助からなかった。

リーダー鈴木氏を残して、上高地へ下った五人の一行は一日待ったが、鈴木氏もまた一人の登山者もついに下りてこないので、救助隊に事情を訴え大騒ぎとなった。その日はすでに遅く、翌日捜索隊の入山となった。五人の一行と前穂高で別れた一人の登山者は、その場に休んだまま極度の疲れと寒気のため眠り込んで、そのまま凍死していた。あの天候の状況下で一人だけ放置することなく、何とか彼をがんばらせて、せめて今少し標高の低いところまで連れおろしてから別れていたならば、寒さも違うし、万が一つにも助かっていたのではないかと思われる。

鈴木さんの遺体は、奥穂高飛驒側を一五〇メートルほど下へおりた所で発見した。翌日人夫を集めて遺体運搬にかかったが、途中大吹雪に襲われ積雪も急に多くなり、急斜面の登りは足がすべって一歩も登れなくなった。仕方なく遺体を背負子に付けたまま、大きな岩陰に安置し、目標のケルンを高く積み重ねて、その日はあきらめて山荘に戻った。その翌日はいぜん雪降りで作業を休み、そのあくる日、好天気になったので、遺体収容に現場へ向かった。ところが降りつづいた雪で、せっかく積み上げたケルンもわからなくなってしまった。現場あたりと思われるところさえ見当がつかない。いったん最初の現場付近までゆき、先日運んだとおぼしい地点をたどっていくと、雪の盛り上がったところがあった。雪を除いてみると、それが目標のケルンであった。

鈴木さんは、他人のために一命を終わった二重遭難であり、その慰霊碑は奥穂高岳と穂高岳山荘の中間の飛驒側に建立されている。

一日に五人もの死亡者が重なった、特殊な例であったが、アルプスで恐ろしいのは、天候の激変であり、特に高所にあってはわずかな高度の差でも、その寒さの差は大きいものである。からだの働きも長時間、寒風にさらされているとしだいに緩慢となる。こうなれば人間のがんばりは二時間くらいで凍死してしまう。

わかり切ったことではあるが、(1)目的地の地勢と知識、(2)天候の予知と判断、(3)慎重な注意と行動、この三つは十分に身につけてほしいことである。せっかくの山行きがより楽しいものになるよう気をつけましょう。

## 奥穂高に迷う

### 1

雨のために山荘に滞在していた案内人付きの登山者が、夕方だれにも告げず一人で奥穂高へ登山していた。もちろん山荘ではだれも知らずにいたが、上高地からきた登山者から、ジャンダルムの下の方で助けを呼ぶ声を聞いたとの報せを受けた時、初めて山荘にいた案内人が自分のお客がいないことに気付き、騒ぎ出して山荘内を調べたがどこにもいない。

それ大変だと、雨の降る中を案内人や私ら五人で捜索に出た。連絡に聞いた声の位置で、おおよその遭難場所を推定し、そのあたり一帯を捜し声を張り上げて呼びもしたが、全然応答がなかった。だんだんと奥穂高の飛騨側へ降りて、あちらの沢、こちらの尾根と捜索を続けているうちに、すでに真夜中の午前二時になってしまった。何の手がかりも得られず、懐中電灯は暗くなる、からだはぬれネズミとなって、寒気に震えが止まらなくなってきた。

これ以上は無理で、二重遭難のおそれも多分にでてきたので、残念ながら山荘に引き返すことにした。夜の岩場を、懐中電灯で歩くことは想像以上にむずかしく、光芒が狭いため足元を照らせば先が岩影となり、先を照らせば足元が見えず、前後左右を見定めては一歩一歩前進するのであるから、時間は平地の数倍もかかるのだった。

翌日は早朝に出かけたが、最初連絡を受けた場所よりずっと、ジャンダルムの下の方で、その人を発見したのである。上方からはどこから呼んでも声の死角になった処で、いくら呼んでも返事がなかったわけである。本人は一日休養を取っていたお陰で、疲労の度合いが少なく一晩じゅう、ジャンダルム下部の岩場の間で駆け足を続けていて、全然眠らなかったそうで、それが自分自身を助けたのである。

2

涸沢池の平で天幕生活中の二人組、ザイテングラードから穂高小屋を経て、奥穂高の頂上へ登っていた。その帰りに方角を錯覚し、飛騨側へ迷い込み白出沢上部のセマ谷へ降りてしまった。途中にちょっとした滝があったが、ザイルの持ち合わせが無いため下降の途中で一人が転落遭難した。二人ともまだ飛騨側へ降りているとは気が付かず、友人は涸沢へ助けを求めるつもりで谷を急いで降りていった。とうとう白出沢の本流ガラ場まで出てきたとき、ちょうど穂高小屋の荷上げ人夫、新野梅之助君が通りかかりばったり出会った。

「涸沢までだいぶありますか」

聞かれた新野君はびっくり仰天、

「とんでもない！　こちらは飛騨側で、涸沢とはまるっきり反対で大変な間違いだ」

と話をすると、今度は相手がびっくりした。一部始終を聞き終わった新野君は、荷物をそこに放り出して彼を引き連れ、穂高小屋へ急いだ。彼の説明が不十分で判然としないため、遭難地点の推定がむずかしく、それとおぼしい岩場をあちらこちら捜しながらだんだん下降した。ジャンダルム下部から白出沢へグイッと切れ込んだ、急勾配の狭い谷（通称セマ谷）の途中にある滝の頭へ出た。ここをザイルを使用して滝下におりてみると、そこにうずくまったまま救助を待っていた。幸い当日は穏やかな日であったのでよかったものの、雨でも劇《はげ》しく寒風が強かったならば、まず助かる見込みはなかったであろう。

近づいてみると案外元気であり、打撲と骨折のていどで外傷はなかった。さっそく背負子で背負い、滝を登り稜線へあがって涸沢へおろした。あの時、人夫の新野君が見付けなかったなら、食料も持参していなかった二人は、ともに行方不明となったことと思われる。ほんとうに運に恵まれた二人であった。

山で道に迷った時は、尾根にのぼって救いを待つようにしてください。発見が早く、助けの声も遠方まで聞こえます。同じ道を帰る場合は、地物《ちぶつ》を見おぼえしておくこと。食料はどんな時にも必ず携行することです。

## 雪渓トラバース中の遭難

穂高も奥穂高は、十月になれば本格的に冬にはいり、下旬には相当の積雪となる。その十月末のある朝、男女二人連れの登山者が、奥穂高の山頂から降りてきた。前日、上高地から岳川を登り、前夜は奥穂高山頂付近でビバークしたのであろう。

あと五分で山荘に降り着くところ、穂高小屋のすぐ裏から切り立った亀の甲岩という岩壁があり、その頭部一帯は既に相当量の積雪があって、急勾配の雪渓となっていた。縦走路はそこを横断していて、今朝も幾組かの登りのパーティーが通過しており、ステップもかすかについていたのである。

穂高小屋からは真っ正面に見あげるこの雪渓へ、今二人のパーティーがさしかかった。先ず女性にザイルをゆわえ、男性が先に雪渓を横切り、渡り終えたと思ったら、そのままの姿勢で女性に横断するよう合図をしている。完全な綱株も取らず、綱先は自分の腰に結んであるが、中間を手で持っているだけで全然ジッヘル（確保）の体勢にはいらないのである。見上げている人たちがアレアレと見ている間に、女性があぶない足どりで渡り始めた。下からは中止の手を振っているのだが、全く目にはいらず声も届かない。

山荘にいたお客様や人夫たちが見ている前で、次の瞬間、女性がスリップした。アッと人々は目を覆うと同時に、男性も続いてもんどり打って引き落とされていった。高さ約五〇メートルの断崖を山荘の下の白出沢へ！

見ていた一同が、現場に駆けおりていったが、岩壁の根に積もった真っ白な雪を真っ赤に染めて、二人とも瀕死の状態であった。山荘に引きあげ手当てをしてみたが、やっぱりダメであった。

ザイルを使用する時には、必ず自分のからだを岩にくくり付けるとか、十分に足場をしつらえてピッケルで確保するとかしていたならば、遭難を免れたことと思われて残念でなりません。

## 穂高滝谷の遭難

### 1

京都医科大学山岳部の石戸宏さんが、後輩二名と登攀してきたのが昭和六、七年ごろの十月半ばであった。一行は穂高小屋に二、三日滞在して、あちこちへアタックする予定であったそうだ。当時は、小屋番は下山した後であった。

その日、北穂高方面へ向かい、すでに雪は何回か降ってはいたが好天で、涸沢岳を登りつめ北穂側に下り、滝谷の稜線にかかった。はるか下をのぞくと、えぐり取られた岩壁の幾すじかの谷が、深い霧の中に落ち込んで見える。石戸さんはその春五月の滝谷を、蒲田口の案内人小瀬紋次郎を連れて遡行し、登攀に成功していた。そのなつかしさからか、その神秘に引かれたのか、急に滝谷上部の様子を見てくると言い残して下り始めた。

積雪はすでに相当多かったが、やわらかい淡雪で下りるには足を踏みしめ別状なかったことと思う。どこまで下ったのであろうか、さて登りにかかったが、下りる時とは全く違い、第一手がかりが見つからない。また足の確保ができない。五月の滝谷は一面の急勾配の雪渓で、ステップを切りながらアイゼンで登れたが、今は深い淡雪で固定ができる足場がない。ちょうどアリがアリ地獄の中にはまり込んだような具合だったのではないだろうか。力の続く限り、いろいろの方法でがんばったのであろうが、ベテランの石戸さんにもどうすることもできなくなったことと思われる。そこで意を決し、下へ降りることにしたのであろう。

滝谷と名付けられるくらいであり、幾つかの滝を渡りながら滑滝《なめだき》の上までたどり着いた。この壁は、靴ではとうていおりられないと見限めをつけたのであろう。靴を脱いで壁を下り切った。そこは雄滝の頭を二メートルほど離れた上方で、ちょっとした平になっている。日も暮れてきて、疲労に力も尽き果て、難関をまた一つ切り抜けて、ホッとして我知らず腰をおろし休んだらしい。そこに靴が置かれてあった。靴をはく暇もなく、眠りが襲ってきたのか、凍死してころがったものか、二メートルほど下の水の中に横たわっていた。落ちてからは全然動いた形跡はなかった。

稜線に残されて待っていた二人は、石戸さんは登ってこず日は暮れる、手のほどこしようもなく心を引かれながら小屋に引き上げたが夜も眠れず、夜明けを待って蒲田温泉に救助を頼みに降りた。直ちに八名の救助隊が編成され、つぎつぎと穂高小屋に登っていった。そして滝谷上部をくまなく捜したがついにわからず、三日目に下山し、滝谷を下から捜すことにした。二、三日悪天候が続いたので回復を待って捜索に入った。氷雨の降る寒い日であった。一番下の雌滝にたどり着いて、その滝裏をくぐり抜け谷を横切って登攀し、さらに雄滝を巻いてその頭に出たところで、水中に横たわる石戸さんを発見した。

当日中に何とか遺体を運び出したいと思うが、このあたりは雪もまだなく登りは楽であったが、下りは非常にむずかしい。滝の右壁にロープを下げジッヘルして、六〇メートルぐらいをおろすことにする。そのうちに雪が降り始めた。気温もぐんぐんさがって手先がこごえる。岩壁の足場もすべって危険になるばかりで、気はあせるがなかなかはかどらない。数時間後、ようやくの思いで滝の下まで運んだ。高度の違いでそこは雨降りであった。

その後、同大学の友人が石戸さんの業績と足跡を永く記念するため、石碑の建設を計画され、中尾部落の山手にある小高い丘の上の大石に碑文をはめ込み、立派な記念碑として建立されたのである。

## 2

石戸さんの遭難後、何年かたった昭和十年ごろの十月の初旬の出来事であった。これまでにも幾度か顔を見せていた同志社大学の学生蜂谷さんの家から、蒲田口案内人組合へ捜索の依頼があった。蜂谷さんが滝谷登攀に出かけたが帰宅予定日になっても帰らず、単独らしいとのことであった。

さっそく組合人十名余りを集め、一番危険性のある雄滝一帯から捜索することに決めて出発した。この雄滝は下から見上げると六〇メートルに余る一本の滝に見えるが、実は上部二〇メートル、下段四〇メートルの二段滝になっており、中段の滝壺はえぐられて深く黒ずんでおり、周囲は滝壺を入れて四畳くらいしかなく、あき地はほとんどないところである。

まず下段の滝壺から、周辺一帯を捜して中段に登った。ちょうど滝壺の横の岩壁の上にダケカンバの木が生えており、見晴らしには格好の場所になるらしいので、私はこの木にはい寄って二段ばかり登り、双眼鏡を出して付近を捜し、真下の滝壺を見下ろしてじっと見つめていると、何か水の底に白い物がかすかに動いているように見えた。しかし余りはっきりしないので、同行の小瀬紋次郎君を呼び、交替して見下ろしたところ何か布切れのような気がするというので、非常に危険な作業ではあるがとにかく滝壺までおりて確認することにし、このことを一同に伝えてその作業にかかった。

万一それが遺体であった場合には、その水に打ち込まれている遺体をどうして引き出すか、滝壺の足場は一人くらいしか行動する余地がない。しかも人が下りてからは、小枝一本落とすわけにもゆかない。そこで遺体を捜す棒、てこにする棒を細い丸太で造り、静かに落としてやった。高さは二〇メートル、滝壺の水はそのまま高さ四〇メートルの下段の滝へ落ち込んでいる。万一足をすべらせると、この滝に真っ逆さまに落ち込むのである。

私がジッヘル（確保）にまわり、小瀬君が腰なわをして滝壺へ下降していった。水中をすかして見ると確かに何か沈んでいる。フト気がつくと、今まで全然気がつかなかった細い一本のザイルが、水中から滝の左岩壁の上の方へずーっと伸びているではないか。上と下で合図し合い、そのピンと張っているザイルを目で追うと果たして、その先にリュックがゆわえ付けてあり、岩壁の斜面の草むらに引っかかっている。

蜂谷さんは滝水に打ち込まれて、淵の岩の底にいるのである。丸太棒であちこちを捜し、またザイルを引っ張ると手ごたえがあり、運よく淵の底からポッカリと浮き上がってきた。しかしそこは狭い足場の悪い処である。引き寄せることも、引き止めることもできない。遺体は水の流れの力でぐんぐん落ち口へ流れ出して行く。上から作業を見つめていた私はアッと叫んだ。遺体が滝下に落ち込むのと、小瀬紋次郎君がそのザイルに足をさらわれなぎ倒されたのと同時であった。ダクッと手元に反応があり、一瞬「シマッタ」と観念した。が、目を見開いて再びアッと驚いた。小瀬君はザイルでちゃんと腰なわをしており、転落することなくそこに立ち上がっていたのである。私の手から伸びたザイルは綱株のシラカンバの幹に喰い込んでいた。

思うに蜂谷さんは、雄滝左壁の崩石の悪場を登攀する際、身軽になる必要がありリュックサックを後から引き上げる予定でザイルの一端に結び付け、他の一方を自分の腰に巻き付けて登りにかかったが、途中手がかりか足場の石が崩れ転落した模様で、初め気がつかなかったあのザイルに引き止められ、遺体はそのまま淵の中のえぐられた内側に打ち込まれていたものらしいのである。この時の、瞬時も気の許せなかった長い確保時間と、針金のように張っていたザイルの様子は、妙に忘れがたい印象となっている。

## 西穂に響くツチの音

昭和七、八年ごろだったと思う。スキーの先生小秋元隆国さんが、穂高を西穂へかけて縦走するため、蒲田口案内人中畠政太郎を連れて穂高小屋に一泊された。翌日、奥穂高からジャンダルムを越えて天狗のコルに取りつく中間の岩場で、チムニーを下るところがあるが、小秋元さんが一つの大きな岩に手が触れた途端に、ズズーとその岩がずり落ちてきて腕を挟んでしまった。幸い岩と石の間に隙間ができて腕をつぶすことは免れたが、抜き取ることができなくなってしまった。岩は大きく、腕を動かせば肉に食い込む。足場は悪い、そのままの姿勢では、自力では長つづきはできない。中畠君はザイルで小秋元さんのからだを岩にくくり付けて完全に確保しておき、穂高小屋へ救いを求めに飛んだ。

中畠君からその遭難の状況を詳しく聞き、岩を割る石ノミ、ハンマーを探し出し、待機していた内方重蔵君に持たせ中畠君とともに出発させた。そのとき今田友茂は、様子知ったわが山とばかり駿足をのばし、わずか三十分で現場に到着した。この超人的な行動は、のちのちまでも語り草になっている。普通私らがスピードを出しても、五十分から小一時間かかるところだったからである。

私が到着した時には、小秋元さんはもう青ざめて相当に疲れていた。元気をつけながら石ノミで岩を欠き取るのだが、なかなか固く大きく割るわけにもゆかず、少しずつ根気よく欠いて取り、ようやく抜き出すことができた。小秋元さんはここで腕をなくしてしまうか、幸いケガですんでももうスキーができなくなるかと思いあぐねて、独り泣いていたということである。

岩の位置が一センチでも違うとか、案内者なしの単独行であったり、小屋に石ノミ、ハンマーが見つからなかったとしたら、いったいどうなっていたであろうか。三拍子そろっての幸運であったことは、ほんとうにうれしいことであった。小秋元さんも非常に喜ばれ、私と重蔵、友茂にヒッコリ製のスキー一組ずつお贈り下さった。友茂は京都大学の白頭山遠征に参加したときも、千島国後のチャチャヌプリ遠征隊に参加のときも、このスキーを持参して活躍したのである。

## 〝死ぬってのは苦しくない〟

やはり救助活動で、一命をとりとめたうれしい思い出がある。戦前、昭和十五、六年ごろだったか、旧制六高のパーティーが西穂高から奥穂高へ向かったが、時間的な無理がたたってジャンダルムから奥穂にあがる手前で日が暮れ岩陰でビバークした。穂高小屋まで一時間と少々くらいなのだから、リーダーが導いてくればいいものを、夜の寒さを知らないものだから「無理しないでビバークしたほうがいい」と判断したのが誤りだったのだ。

夜にはいってたちまち寒さがつのり、全員がフラフラの状態になってしまった。うち一人は意識不明に陥っている。みなで声をかけ励まし合って、朝早く連れて登ろうとしたが、それぞれ動くのがやっとのことで無理だとわかった。そこでもっとも元気な者が伝令となって、小屋の私のもとへ通報してきたのである。

私はさっそくザイルと毛布、パン、お茶などを持って現場へ駆けつけた。その一人はもう完全な仮死状態になっている。パンやお茶を口に入れても、のみこむ力もないのだ。それを背負い、他の学生たちを元気づけて小屋へ戻り、湯をビンに入れたものを湯タンポがわりにしてかわるがわる温めた。

「まだ生きているだろうな」

「かすかに息をしているよ」

「うわごと言ってるが、なに言ってるのかさっぱりわからん」

小屋の若い者が、部屋をのぞきに行っては話し合っていたが、昼ごろになって彼の部屋から、ドタンドタンと音がしてきた。

驚いていってみると、ふとんから起き上がろうとして立てずに、ころげ回っている。

「おい、元気になったか」

と声をかけると、

「いったい、ここはどこですか」

という。意識が完全に回復したので、それからおもゆをすすらせたり、薬をのませたりして介抱した。夕方になって足腰もしゃんとして、パーティー一同、礼をいいながら涸沢へおりていったが、この人が言った言葉――

「あのまま死ぬのなら、死ぬっていうのはひとつも苦しくないものだと思いました」

というのが、いまでも耳に残っている。凍死というのは、まず眠くなり、からだじゅうがホカホカして、実に気持ちよく意識が遠くなっていくものらしい。だからといって、命を粗末にされては親も泣き切れないだろう。

戦時下の七月に、涸沢岳のクサリ場でクサリにつかまったまま二人の男——宿屋の主人と番頭のパーティーが死んでいたことがある。七月でも雨が降って温度が急に下がり、尾根は風が強く吹いていたので、風の弱いクサリ場でひと休みしたところ、疲れと寒さで眠くなり、そのまま凍死してしまったのだ。

このように疲労と寒さが重なると、そのまま天国に直行してしまうので、無理をしたり判断を誤ったりして尊い命を山で失わないよう、十分に気をつけていただきたい。

遭難と救助のことをとりとめもなく話してきたが、私が頼まれた救助は、この五十年間数知れずであるが、すべて助け出している。また遺体の捜索でも、みな発見することに成功している。これは私の大きな誇りだ。

ガイドとして、お客を無事に目的地へおくりとどけることは当然の役目だが、同時に救助活動も大きな仕事で、この双方がまっとうできてこそ一流のガイドといえる。この点私も、その仲間入りができるようになったことを幸せに思う。

## 山ではおち合う約束するな

最近の登山の実態を見ていると、高い山に——たとえば槍とか穂高へも、若者ばかりでなく老人、女、子供もかなり多勢登ってくる。それだけ道も整備されたし、装備もよくなったし、施設も整ってきたということだが、遭難するというのは若者が圧倒的に多い。老人や女、子供はほとんど無事に下山してゆく。

女性で疲労のため動けなくなったとか、道を誤ってケガしたというのは、だいたいリーダーのガイドの悪さによる場合だ。若い人はからだに自信があるものだから、強引に行く。そこに無理が生じ、あせりを招いて思わぬ遭難に結びつくのである。そこで特に若い人に対する、山登りの注意をいわせていただこう。

まず第一に、時間に余裕をとって山へ登ること。夏休みにゆっくり登山を楽しむときはいいが、学生はとかくギリギリいっぱいの日程でやってくる。これはサラリーマンやOLの場合も同じで、土・日を利用したり短い休暇で欲張ったコースを決めて登るから、もし途中で雨が降ったり荒れた場合、早く帰ろうとあせるから遭難することになる。

いつだったか学生たちが、穂高小屋から豪雨をおかして出て行こうとした。

「こんな雨の中を出ちゃだめだ。待ちなさい。遭難したらどうする」

と引き止めると、学生たちは、

「だって、いまおりないと予定の日に帰れなくなるんですよ。お母さんが心配します」

という。私はあきれて、

「なんてことをいうんだ。お母さんが心配しているのは、あなたたちが遭難することだろう。無事に帰ってくることを祈っていられるのだから、無茶はしないことだ」

とたしなめた。すると違う学生が、

「ぼくは、お金が足りないんです、もう一泊すると。だから今日おりてしまいたいんです」

もう、なにをかいわんやだ。

「きみたちが遭難して困るのはお父さんやお母さんばかりではない。私たちだって救助に出動しなければならず、みんなに迷惑をかけることになるんだ。こんな大雨の中を出ていったら、必ず遭難するに決まっている。宿賃の心配しないで、泊まっていきなさい」

こういって引き止めたが、翌朝はすばらしい上天気になって、学生たちも元気に帰っていった。

このときの学生さんは、あとで宿賃をちゃんと送ってきたが、こういった例の中には、帰ってからまったくなしのつぶてという人もいる。

とにかく山にはいるときには、お金を使わなくてすむところだからギリギリだけ持っていけばいい、などというケチな考えは捨てることだ。町で遊ぶ金の二、三回をがまんしても、山へは少し余裕をもってきてもらいたい。心のゆとりもそれでできるはずだ。

つぎに、友人と山でおち合う約束をするなということ。約束すると、途中でなにかあった場合、無理してそれに間に合わせようとする。そこであせって、とんでもない事故を起こすことになる。前にいった「お母さん」が「友だち」に変わっただけの話だが、これはやはりやめたいものだ。

つぎに、若い人の上級クライミングについての忠言は、ジッヘル（確保）をしっかりせよということである。ザイルを使うロッククライミングでも、ジッヘルさえ確実ならば絶対に遭難などないといっていい。前にもちょっと話したけれど、クレバスにもう少しで落ちかけた私たち五人を救ったのも、私のジッヘルしたピッケルであった。

その打ち込み方、角度など経験がものをいっているわけだが、五人の重みでザイルがピッケルをしめつけ、くびれてしまったほどしっかりジッヘルされていたのだ。

いまのクライミングを見ていると、なにかたよりなくてならない。用具や装備が整い過ぎ、それにたよって、肝心のジッヘルがおろそかになっている。それから登り下りにあせるものだから、なんでもないところでのスリップ事故が多い。あわてず落ち着いて行動することだ。山道では老人や子供は慎重に動くから、ほとんどケガなどしないのである。

かくいう私も、ただ一度だけ遭難しかかったことがあった。小さな雪崩にのまれたのである。

昭和十年ごろだったろうか、春三月。北穂に登る北大山岳部を島々で迎えるため、私は兄の由勝らと上高地でおち合い、白沢をスキーで登って徳本峠を目ざしていた。

前日から新雪が降り、あちこちの沢で小さな雪崩が起きて、ゴーッ、パチパチと木の枝を折る音がし、かなり危険な状態だった。しかし先方と約束しているので、アイゼンにはきかえ、そのまま登っていったのがいけなかった。

もう少しで峠というとき、目の前の雪の斜面が横一線に切れたかと思うと、私たちののっている雪面がズズーッと下へ押し流され、そのうちからだが雪にのまれてしまったのである。

「しまった！　もうダメか」

と思ったが、幸いにも雪崩は小さくて、そのときは長く感じたがものの数秒くらいだろうか、スーッと止まった。しかしその止まるときの圧縮力たるやものすごいもので、からだがギューッとしめつけられて息ができないくらいになった。

それでも一生懸命もがいているうちに、どうにかはい出ることができた。そこで兄はどうしたかと捜すと「おう、無事だったか」と向こうの雪くれの中からニガ笑いしながらはい出してきた。

「こいつは危険だ。とても峠は越せん」

と兄が首を横に振ったので、この日はまた上高地へ引き返し、翌日は無事に徳本峠を越えて島々に着いたのであった。

だが峠から島々への途中、岩魚留沢《いわなどめ》でたいへんな表層雪崩があったのを見て、きのうもし峠を越えていたら、それにのみこまれていたかもしれないとゾッとした。

「天候の悪いとき、山ではおち合う約束をするな」

という鉄則は、ここでも生きていたのである。

# 穂高に結ぶ夢

## 奥穂山頂に小社を設置

穂高の美しさ、気高さ、すばらしさは、前にご紹介した大島亮吉さんの随想にもよく表われているが、まだ上高地へのバスがなく徳本峠を越えてゆかなければならなかった時代、峠に立ってその絶景を見た幸田露伴氏も、

「眼の前に開けた深い広い傾斜、その向うの巍々《ぎぎ》堂々たる山。何という男らしい神々しさを有った嬉しい姿であろう。思わず知らず涙ぐましいような心持になって、危く手をさしのべたいような気がした。吾が魂に於て彼を看たのか、彼に於て吾が魂を看たのか、弁《わき》まえがたいような瞬間であった」と記している。

穂高岳は、空高くそびえる岩峰が御幣の形に似ているので、昔は御幣岳ともいった。しかし穂高という名は、岩の秀《ほ》（穂）の高いという意味で、古くは穂高大明神の山と言い伝えられた。松本藩でつくった「信府統記」（三十六巻、一七一六年～一七三六年）にも「穂高嶽は、往古より穂高大明神の山と言い伝えて、此名あり、嶮山にして登ること能わず……穂高大明神は彦火瓊々杵尊《ひこほのににぎのみこと》を祀る、往古当国神合地、穂高嶽に垂迹《すいじゃく》ありて、其処に鎮座せし故、在号をも穂高と称するものにや……」

とあって、大昔から霊山としてあがめられ、安曇野の穂高町にある穂高神社の奥社が、穂高岳にあるとされていた。

明神池のほとりにある穂高神社の縁起によれば、祭神は海の神である綿津見命《わたつみのみこと》と穂高見命《ほたかみのみこと》で、その子孫の安曇《あずみ》氏が南安曇郡穂高町に穂高見命を祖神とする穂高神社を開いたという。そしてその奥社を、はじめ明神と徳沢の中間にある古池に置いたが、洪水で流されてからいまの明神に移したのだと伝えられる。

このようなことから、私は奥穂高岳の頂上に穂高神社の分社を置いたらいいのではないか、と最初の小屋をつくったころから考えていた。そこで飛騨側の小屋の改築が完成した昭和四年、小さな木作りの祠《ほこら》を頂上に安置したのである。

こういってはなんだが、私はあまり信心しない部類と思っている。しかし大正九年の蒲田川はんらんのとき、流されたお堂のところに浮き沈みしていた御本尊、薬師様を拾い上げ元のところに安置したら、私のその後の人生が順調に進んでいるということに、やはり神仏のありがたさを思っていた。また〝山〟を粗末にすれば、山が怒るというのもほんとうだ。

だから神仏をうやまう心に変わりはなく、奥穂山頂の小社設置は心から山の安全を願ってしたのである。

二位にしようと思ったのでは

穂高に登られた方なら覚えていられるだろう。前穂、奥穂の山頂に、大小多くのケルンが林立しているのを――。

ケルンとは山頂や登降路を示す積み石、つまり山の目標であるが、それがしだいに登山の無事を祈願したり感謝したりの行為もこめられてきているようだ。だから先人が積んだ石の上にまた載せていくということが繰り返され、それが強い風雪にこわされながら長いことつづけられてきているのである。

奥穂高岳は、標高三一九〇メートルで富士山、北岳に次ぐ日本第三位の高さだが、山頂は意外に狭い。ガスが巻いてくるとどこが頂だかちょっとわからなくなるので、しっかりした大がかりなケルンをつくるべきだと考えてこつこつと積んでいき、だいたいこれでよしという形になったのは、昭和十六年ごろだったように思う。

と同時に、木作りの祠も石作りのものに換えて、ケルンの上に安置した。

しかし終戦後、荒れた登山道を整備しているうち、どうもこれではあきたらなくなり、基盤をしっかりかためた大ケルンにしたくなった。石を積み上げていくうち、下から約三メートルの高さになってしまったが、これを見てだれいうとなく、「重太郎は奥穂高を日本二位の高さにするために、ケルンを三メートルに積み上げた」

といわれるようになった。南アルプスの北岳は三一九二メートルだから、三メートル高くすれば奥穂は一メートルだけ北岳をしのいで、二位にのしあがったのである。しかし私は、そういう気がまったくなかったとはいわないが、決して二位にしたいために積んだのではない。奥穂山頂を少しでも見きわめやすく、安定したものにしたいために行なったのだ。人から「もう北岳より高くなっているよ」と聞いて、「よくも積んだものだ」とわれながら感心したというのが真相である。

## 展望図はみんなのもの

奥穂山頂に展望図をつけた展望台を設置することは、私の長い間の夢であり念願だった。しかし日本有数のすばらしい眺望をもつ奥穂だ。山頂からぐるり三六〇度を一望して、目にはいるすべての山を書き込むことはなかなかたいへんなことである。また新田次郎先生の小説「強力伝」にもあるように、完成品をかつぎ上げることはちょっとやそっとのことではない。

「人に頼み、ヘリコプターで揚げてもらえばいいじゃないか」

といわれるかもしれないが、こういうことは自分の力でやるところに意義があるので、どうしても独力でやりたかったのである。ちょうど昭和三十八年が〝穂高四十年〟を迎えることになったので、その記念事業としてとりあげることに決めた。そこでまず山頂から、ぐるりの写真を撮りはじめた。

これをつなぎ合わせて、峰の一つ一つに名前をつけていくのだが、小さなものにはまぎらわしくて、ちょっとわからない山がかなり出てきた。これを山の専門家に見てもらったり、問い合わせたりして丹念に記名していった。しかし実際には、あまりに繁雑になるのでおもな山だけに整理した。

これをもとにして画家に円形の展望図を描いてもらい、真鍮《しんちゅう》板に彫りつけ、みかげ石の台座につけて仕上げたが、全体で二〇〇キロ近い重さのものを、いっぺんに荷揚げするわけにはいかない。そこで背負える重さに分割して、白出沢をかつぎ上げ、八月に完成したのである。

「この展望図のおかげで、奥穂頂上からの壮大な眺めが楽しめてうれしかった」

というおほめを、多くの方からいただいたが、登山者の中にはひどい人がいるもので、この展望台をこわして、もっていこうとした者がいた。

それは数年前の秋だったが、遭難に出動した長野県の警官からの通報であわてて行ってみると、展望台がなんと掘り起こされているのだ。私は一瞬、目を疑ったが、これは盗むためにやったのだな、と思った。しかし展望図だけで三〇キロもある重いものだし、大きくてリュックにはいらないため、あきらめてそのまま置いていったのだろう、と想像した。

こわされた展望台は、またかつぎおろして完全に修理し、翌年の初夏に今度は起こされないようにコンクリートで固め厳重に備えつけた。

ところが驚いたことに、その秋、同じ人なのだろうか、またもや持っていこうとしたらしい。根元から掘り起こして横倒しになっていた。しかしこんどは、しっかりと展望図と台座が結合されていたので、持ち去ることができなかったのである。

いったいなんのために取ろうとしたのか。記念のため？　クズ屋に売ってもうけようとするため？　私を困らすため？　その人の心のうちはまったく不明だが、とにかく穂高をけがす輩のいることに限りない憤りを感ぜずにはいられない。

## 外人も穂高に感激

穂高にやってくる外人はときどきいるが、ほとんどの外人が、

「この狭い日本に、こんなすばらしい岩峰があるとは知らなかった。とにかくりっぱな山だ」

とほめていく。一般的な彼らの頭の中には、富士山という独立した高山だけが占めていて、北アルプスだの穂高連峰といった三〇〇〇メートル・クラスの山々が連なっているのを想像することができないらしい。

中には日本の山などたいしたことないと、軽装でやってきて、そのきびしさに遭難しかかったり、あわてて引っ返すのもいる。しかし概して遭難死亡ということの少ないのは、やはり異境の地でみっともない死に方をしたくない、という気が働くからであろう。

私の印象にとくに残っている外人登山客といえば、昭和二十三年ごろの夏、涸沢から小屋へ登ってきたアメリカ人夫婦だったが、ちょうどまっかな太陽が西に沈みはじめ、白い満月が東から上がってくるのにぶつかった。すると夫婦は両手をあげ、手を

たたいて、「オー、オー」と叫びながら、コルを東へ西へ行ったり来たりし、感激にむせんでいた。

われわれ長く小屋に住む者でも、太陽と月が同時に見られるという場面にはめったに遭遇しないだけに、その外人夫妻はよほどうれしかったのだろう。

夫妻は小屋に一休みして、また涸沢におりていったが、ふと机の上を見るとタバコが一包み置いてあった。私はてっきり忘れ物だと思って、かなり下ったところまで追いかけてそれを渡そうとすると、彼は手を振って、

「それはあなたへのお礼のつもりですよ。とっておいてください」

というゼスチュアをしてみせた。そして目を丸くして、

「ここまで追いかけてくるとは、なんと生真面目な」

という顔をされたので、私もなんともいえない顔をしたのだろう。思わず三人で大笑いし、肩をたたき合ってしまった。言葉は通じなくとも、心が通じ合うとはこういうことをいうのだろうか。山における友情は、日本人であると外人であるとを問わず、心が通じてまことにいいものがある。

やはり終戦後、三、四年したころの夏だったか、フランスの登山家二人が穂高に登ってきて、私の小屋に泊まった。フランス山岳会員とかいうことで、小屋を中心に

ジャンダルムや北尾根、北穂などをいとも身軽くこなしていた。そしていうことには（もちろん通訳つきである）、

「穂高は実にすばらしい。特にいろいろの種類を集めたような岩峰と岩稜がいっぱいあるのには驚いた。スケールはヨーロッパ・アルプスのように大きくはないが、それ相当のきびしさがある」

といい、さらに、

「ぜひフランスにきてください。ヨーロッパ・アルプスを案内します」

と、自分たちの住所氏名を書いて置いていった。

先年、私がヨーロッパ・アルプスに行ったとき、ひょっとそのことを思い出して宛名を書いた紙をさがしたが見当たらなかった。残念なことをしたと思っている。

〝重太郎新道〟を完成

ご存じのように、奥穂高に登るルートはいくつかある。現在、一般向きとしては、上高地から岳沢、重太郎新道を経て前穂、奥穂へ。横尾から涸沢を経て奥穂へ、岐阜県側の白出沢から奥穂へ。上級者向きとして西穂から間ノ岳、ジャンダルム、ロバの

耳を越えて奥穂へ。槍ヶ岳から南岳、大キレットを経て北穂、奥穂へ。岳沢から一気に天狗のコルへあがって奥穂へ。さらにベテラン向きの奥又白から前穂への直登ルートだとか、涸沢から前穂北尾根を登ったり、北穂飛驒側の滝谷をよじのぼったりの難コースがある。

私は穂高のガイドになってから、この各種のルートの開発と整備をつづけてきた。とくに穂高小屋から北は北穂の大キレットまで、南は吊尾根を通って前穂から上高地まで、およびジャンダルムを経て西穂まで、東は涸沢まで、西は白出沢を下って出合までのルートは、私の昔からの受けもち区域として力を入れてきた。

これらの登山道も、夏シーズンが終わって冬を越し、翌年の初夏を迎えるころには、雪や雨、風によってかなり荒らされ、雪崩に出くわすと全く途切れてしまうのだ。

なかでも新道のできる前の、前穂と岳沢の間にある一枚岩を左に巻いていくルートは、いくら直してもくずれてしまう。また修理するにもできないようなところもある難所だ。だから毎年のように、この一枚岩でスリップし、一枚岩沢へ転落する事故が起きるのだった。穂高小屋から岳沢へおりる人がいるとき、天候が悪ければ私は必ず注意するか引き止めた。

この一枚岩さえなかったら、上高地からの一般登山客を楽に前穂から奥穂へ案内することができるのにと、私は遭難者がでるたびに思った。

それでは一枚岩を避けて通るルートをつくればいいではないか、といわれるだろうが、さて山というものは、このように楽に行けるところがある反面、非常に険阻なところを持っているもので、そう簡単に道をつけられるものではないのである。

前穂への登りはどのやせ尾根も急峻で、いったんスリップしたら沢の底の雪渓まですべり落ちてしまう。とくに明神岳側は危険きわまりない。とても一般登山者向きではないのだ。そこで一枚岩のところだけ困難で、あとは比較的登り下りしやすいルートを、しかたなく採用しているしだいだった。

しかし私としては、決して新ルートの開発をあきらめていたのではなく、この一枚岩ルートを通るたびに、どこか適当な道はつけられないものか、たとえスリップしても、下まで落ちないような岩場はどこか、と偵察をしていたのである。

これは昭和十六、七年ごろからやっていたのだが、終戦ごろ登山者がほとんどいなくなったとき、クマやカモシカがふえ前穂のあたりにもときたま姿を見せて、その通ったあとにフンが落とされているのを見た。

そこは一枚岩の右を巻く、けわしいやせ尾根の付近である。

クマやカモシカが険阻な道を歩くのは当たりまえだが、とんでもないところを歩くわけはない。それこそ動物的カンで、自分たちが歩きやすいところを歩いていくはずだ。さらにフンが落ちているということは、身構えてフンを出せる安全なところということになる。

私はさっそく、そのフンのあとに目印をつけはじめた。たしかにそれらはちゃんと手を加えることによってわれわれも比較的楽に行けるようなところであった。

もちろんこの偵察は、夏場しか仕事にならないから、四、五年はまたたくまに過ぎていったが、もう目印を結んでゆけばほぼ安全な新ルートが切り開けるという見通しがついた。

そこで昭和二十六年の九月十日ごろ、ふだんより少し早く小屋を閉じた私は、家内と娘（紀美子＝七つ）、それに人夫三名を連れて岳沢にテントを張り、一挙に新しい道の開設にとりかかった。

このテントは、上高地の西糸屋で事情を話して、学生が置き放しにしていた五人用のものをお借りしたのである。

一枚岩を避けてその右を巻くだけといっても、長さは二キロにわたるからかなりの大仕事だ。高山の秋は短く、冬はすぐやってくるから、この仕事をおそくとも九月の末までには完成させなければならない。うっかりすると工事の終わらぬうちに雪が降ってくるだろう。

とにかく二週間の勝負ということで、人夫を督励し、朝五時前から夕方七時過ぎまで、薄あかりのうちまで工事をつづけはじめた。目印がつけてあるから、場所を選ぶ必要はないものの、何しろ急傾斜で足場が悪いし、かなり大きなかたい岩にぶつかったりして、仕事の速度がにぶる。

そんなときはハッパを仕掛けて岩場をけずり、手足のかけ場の悪いところは石ダナをつくり、石を据え石をこめして、ルートを通すことに専念した。もし中途半端な道をつくっておくと、翌年のシーズンに登山客が迷って、遭難など起こしかねないからである。

工事中、雨が降り、そのうちミゾレも降ってきた。重労働なのでみなよく食べる。食糧も足りなくなって、上高地まで何度か買い出しにいかねばならなかった。家内ははじめ、男たちが楽しそうにやっているキャンプ生活を、一度やってみたいものだとロマンチックに考えていたようで、テントでのまかないを頼んだら喜んでついてきてくれた。

ところが雨が降れば、火をおこすにもたき木がぬれて火はつかない、ミゾレが降ればガタガタふるえる、娘はむずかって泣くで、すっかり参ってしまったらしい。

「もうテント生活はこりごり」

とぼやいていた。しかしこのときの苦労は、いまはなつかしい思い出となって心の奥に残っているという。

こうして二週間足らずののち、どうにか一枚岩の右手を巻く新道を通すことに成功したのだが、そのときすでに、新雪が岳沢から上を白くおおっていた。

私は家内に、紀美子を連れて初登りをするように命じ、テントと野営用品をまとめて人夫とともに上高地へおりた。神岡の自宅に帰って、家内から「とても楽に登れた」と報告されたとき、肩の荷がどっとおりた気がしたのである。

べつに私が名づけたのではないが、小林さんの喜作新道とか、中畠さんの中畠新道というのにあやかって、みなさんが重太郎新道と呼んでくださるようになった。

もちろん当初は、クサリもハシゴもつけてなかったが、一般の登山客にどうしても苦になるところは、その翌々年までに手がかり用の針金や木のハシゴを設けた。これで山登りに経験の浅い女性や子供でも、時間さえかければ安全に前穂へとりつけるようになったのである。

昭和三十年、それまで懸案だった岳沢に岳沢ヒュッテができ、主人の上條岳人《たけと》さんがこの新道の管理を引き受けてくれることになって、木のハシゴも鉄のハシゴに、針金もクサリに換えられた。

登山道を新しく開発するには、その安全を考えて、このように多くの時日と労力がいることを、知っていただきたい。

三十三年には、吊尾根奥穂寄りの岩場に鉄のハシゴをかけ、三十五年には白出沢の雪渓下の岩壁が邪魔だったので、これを約二〇〇メートルばかり割って通りやすくし、安全登山への私の夢は実現されつつある。

こうした登山道の整備と開発、および遭難救助活動を認められたのか、これまでに厚生大臣、岐阜県、長野県、富山県、神岡町、読売新聞社、山と溪谷社などから功労賞や感謝状、表彰状をいただき登山ガイドとして、身に余る光栄と感謝しております。

## 日本の屋根から世界へ

日本の登山家が、世界の山岳界に名をつらねたのは槇有恒氏がはじめてである。私が常さんに連れられて笠ヶ岳に登りはじめたころ、すでに槇さんは穂高、槍などをいくども征服されていたのだ。

大正九年からは、スイス・アルプスに遠征して、大正十年（一九二一年）、アイガー東山稜の初踏破をとげた。これが「日本にもすばらしい登山家がいる」「マキ・アリツネは世界第一級の登山家だ」と本場アルプスでも有名になったのだ。帰国後、アルプスで習得した登山技術を日本に紹介して、日本登山界の発展に寄与されたが、息つく間もなく、大正十四年、カナダのアルバータ峰に初登頂された。その精力的な山行きにはつくづく敬服のほかはない。

この槇さんと、私は山で数日間、ごいっしょしたことがある。昭和二年八月二十二日、秩父宮様のご登山に随行してこられたときだ。山の大ベテランでおられるにもかかわらず、物静かで謙虚な方だった。若いときの穂高の経験が、いかに本場アルプスでものをいったかを語ってくださった。

その後、昭和三十一年、第三次マナスル登山隊長としてマナスルに初登頂されたことは、みなさんご存じの通りだが、槇さんの実績と人柄からいって、この世界的登山難事業の成功は当然だったといっていい。

昭和四十二年六月五日、岐阜県吉城郡上宝村村上と新穂高で開かれた北アルプス飛騨側山開きに、この槇さん、はじめ松井憲三さん、私らが呼ばれて旧交をあたためる機会をもったが、いまはなき秩父宮様と穂高小屋で過ごしたときの思い出話に花が咲いたのであった。

アイガー北壁やマッターホルン北壁を登高し、世界を驚かせた高田光政さんも、穂高の滝谷、東壁、明神、屏風岩をこなした経験が生かされたということである。凍傷で手足の指を何本かなくされているのに、よくも世界の登山家を泣かせた急峻を征服されたものと、感心せざるをえない。

このようにヨーロッパ・アルプス、ヒマラヤなど世界の屋根にいどまれた方々は、ほとんど穂高の岩場で修練し、技術を習得したうえ、成功されているのである。このことは穂高が、いかに山岳としての優しさを備えていると同時に、きびしさを持っているかを物語るもので、穂高を愛するわれわれの限りない喜びなのだ。

前にも述べたように、穂高、槍など日本アルプスに登山した外人が、ひとしく「日本の山」を称賛してゆくのも、決しておせじばかりではないのがよくわかる。標高三千余メートルではあるが、「世界の屋根」に劣らないこの「日本の屋根」を、もっともっと外人たちにも知ってもらいたい、これが私の変わらない願いの一つである。

## ボッカに代わるヘリコプター

山の雪どけがはじまると、私たち小屋をもつ者の忙しい季節がはじまる。五月の中ごろ入山して雪の中から小屋を掘り出して整備し、ふとんを虫干しし、この夏一ぱいの食糧と燃料を急いでたくわえなければならないからだ。

以前はなにからなにまで、新穂高温泉より白出沢出合を経て急な白出沢をかつぎ上げたのである。これがたいへんな仕事で、何人ものボッカを使い人夫を督励して、何十往復させたうえでないと、夏山シーズンの数か月間、延べ数千人分の食糧や燃料がたくわえられない。

この費用が相当かさむために、高山の山小屋の売り物——かん詰めやジュース類——などの値段が高くなるのである。宿泊費が協定値段でおさえられ、食事などの内容に監視の目が光っているので、どこでもだいたい同じようなサービスになっているが、三〇〇〇メートルに近い稜線にある小屋——槍、南岳、北穂、奥穂といったところは、水の乏しいこともあってかなり気をつかう。

槍の穂苅三寿雄さん（故人、現在の槍ヶ岳山荘の経営者・穂苅貞雄さんの父君）と顔を合わすと、

「お互い好きではじめたこととはいえ、たいへんだねえ」

と話し合ったものだった。

しかし、三十九年からヘリコプターで荷揚げされるようになって、荷揚げは以前よ

り楽になってきた。空輸料金は高いが、一回に多くの荷運びができるので効率がよい。それに人間を酷使するのでなく、機械がいままでの苦しかった役目を果たしてくれるのだから気持ちがいい。

ひょっと思い出したことだが、山のお客さんはヘリコプターが、自分たちより下からぐんぐん上がってくることにとても喜ぶ。いつも都会で、頭の上をブンブンとうるさく飛び回っているヘリコプターが、山の上では目の下を飛びかっていることに、妙な優越感をもたれるらしい。山もおかしなところで、ストレス解消の役割をもったものだ。

しかしヘリコプターの利用も、荷揚げぐらいまでで、山へ観光客運びをやってもらいたくないと思う。なぜなら山は自分の足で、しっかりふみしめて登るべきものだし、また小屋が展望台がわりになっては、ほんとうの登山客に迷惑となるからである。

こういう私だが、新穂高温泉から西穂仙石平までに設けられた西穂高ケーブルは、足の弱い人にも北アルプスのすばらしい景観の一端を見せてあげられるということで、賛成している。もちろん西穂山荘まで引っぱってこられては、ちょっと考えものだが、仙石平なら槍、穂高、笠など一望のうちなのだから、北アルプス展望の地として絶好の所だろう。

かつては秘境だった飛騨の山里も、いまや道路は完全に舗装され、温泉宿もふえてきて、関東、関西からくる客ひきもきらず、うたた今昔の感にたえないでいる。

# 山を愛する心

## 山を愛された方々

昭和二年と昭和九年の二回にわたって、穂高にこられた秩父宮様が、昭和十二年に天皇のご名代としてイギリス王室ジョージ六世の戴冠式に参列された。庶民的な〝山の宮様〟として存じあげる私は、この大任をつつがなく終えられたことを心からお喜び申し上げていたが、それから三年ほどたってからご病気になられたとお聞きしてほんとうに驚いた。

あのお元気な山歩きをされた宮様から、ご病気などということはまったく想像もできないことだった。直系の宮様として、いろいろのご心労も間接的にわざわいしていたのではないか、とお察しした。なぜなら、昭和二年、穂高小屋にお泊まりになったとき、暮れゆく北アルプス連峰の雄大な景色をながめながら、私とお話しなさる間に、

「こんなすばらしい別天地に住んでいるきみを、私はうらやましく思うよ。私もできることなら、こんな生活がしてみたい」

と、つくづくおっしゃったことがあるからである。そのとき私は、自分の職業をほんとうにありがたく思ったことだったが、あのときのお言葉をかみしめると、雲上人

としてのご生活の窮屈さが、病をさらに深めているのでは……とも思えたのである。

私としては、穂高と笠ヶ岳の頂上でつくって差し上げて「これはうまい。あすもまたつくってくれ」とお喜びになった焼きナスを、ご療養なさっている御殿場の別邸へ、すぐにでもお届けしたい気持ちだった。

しかし、こんなことは当時の日本の社会情勢として許されるわけもなく、単なる夢物語に過ぎないことだった。一日も早いご回復をと、かげながらお祈りするだけだった。

第二次世界大戦後、ややご快方に向かわれたとのことをお聞きし、ほんとうによかった。完全によくなられてまた山へ来ていただけたら、と思っていた矢先、昭和二十八年の新年早々、一月四日、宮様の訃報に接してしまったのである。

悲しい、こんな悲しいことはなかった。宮様のお人柄を存じあげるだけに、私はなんともいえぬ衝撃にうたれた。穂高五十年を迎えた私の思い出の中で、もっとも心の痛んだ一つであった。

東京・代々木の国立競技場秩父宮記念スポーツ博物館を訪れると、秩父宮遺品室の中に宮様の生前そっくりの登山姿の像が飾られてある。

山岳画家として有名だった茨木猪之吉さんは、ほんとうに穂高を愛された方だった。静岡県の出身で、常さんや庄吉さんとも親しく、北アルプスの山々に登られながら山岳美を描写されていたが、私の小屋にもたびたびこられるようになり、

「穂高の風景こそ、私には最高の美だと思う。一生かけて表現してゆきたい」

と話されていた。戦時中の乏しい食料事情にあえぎながら、貴重な画材をかかえて登ってこられる茨木さんに、画に関心のうすい私も頭の下がる思いをした。

しかし昭和十九年十月、小屋からたった一人で白出沢をおりてゆく途中、消息を絶ってしまったのである。行方不明の報に、私たちは雪の降りはじめた白出沢を捜し回ったが、最終的に白出滝の下で手帳などの遺品を発見しただけに終わった。その後も先生の遺体はわからずじまいであるが、おそらく白出の滝付近の雪渓のクレバスに転落されたのであろう。

数年前、茨木先生の孫にあたる方が私の家をたずね、いろいろ話していかれたが、すでに二十五年たっていることとはいえ、ついきのうのように思い出される先生の追憶談に花が咲いたのであった。

## 井上先生、お世話になりました

昭和三十二年から、小説に映画に「氷壁」ブームを巻き起こした井上靖先生にも、すっかりお世話になってしまった。作中、穂高小屋の主人〝J〟の名で登場させてくださったが、どうも見てくれよりいかめしくされてあるので、いささか面映ゆい。

井上先生が『氷壁』を書かれる原動力になったのは、農大山岳部の松濤明さんの手記であったと聞いている。はじめ松高を受験するため上高地にはいってきた松濤さんは、いつの間にか山の魅力のとりこになり、松高をあきらめて農大に籍を置きながら終戦直後の人気の少ない槍、穂高、滝谷や錫杖岳への基地として、蒲田温泉にもこられたことがある。

昭和二十三年十二月末、彼はやはり農大出身の有元克己さんとともに槍・穂高の冬期縦走を試みたが、二十四年一月六日、悪天候のため北鎌尾根の千丈沢で進退窮し、ともに遭難死してしまった。このときの手記『風雪のビバーク』は、涙なしでは読めない壮絶なものだ。終わりのところに、

「最後まで闘うも命、友の辺に捨つるも命、共にゆく」

とあり、普通の人なら、動けなくなった友人を置いて助けを求めにおりてゆくだろうに、松濤さんは自分がまだ動けても、友を見捨てるにしのびず、友の辺に命を絶ったのだ。

この松濤さんの感動的な最期と手記、および昭和三十年一月に、前穂東壁で起こったナイロンザイル切断事件（若山五朗さんが転落死）が、井上先生の頭の中で巧みに組み合わされて、あの劇的な『氷壁』が完成したのである。

とくにナイロンザイルのことは、微に入り細にわたり書いておられ、切れるはずのないものが切れたという問題を、大きなロマンの流れの中に取り入れておられるのはさすがというほかはない。

井上先生は昭和三十三年、『氷壁』を出版なさった翌年に穂高へ登ってこられた。

私が、

「穂高を舞台にしてくださったので、山もえらい活気を帯びてきました」

とお礼申しあげると、先生は、

「いや、私のほうこそお世話になりました。すばらしいロマンの場だからこそ、舞台にできたのですし、穂高小屋でいろいろの人から取材したのが生かされました」

と、かえって感謝され、恐縮してしまった。

『氷壁』のすばらしさが、穂高の存在を大きく浮かび上がらせ、私の小屋に泊まられる登山客がふえたのも事実だが、また大した装備もなしにふらりとやってくるハイカーもどきも多くなった。時間をたっぷりとっていられる場合は、無理をしないから安全であるが、こんな人に限ってせかせかと歩いていき、浮き石にのってケガしたり、寒さと疲労で動けなくなる。やはり山へ登る場合は、たとえ岩登りでなくともちゃんとした装備をし、経験ある人に聞いたうえでやってきていただきたい。

## フーテンも出没する昨今

登山ブームのかげに、道徳観念の欠如というか、ひどいことをする登山客もかなり出てきた。本来ならばあまり語りたくないのだが、そういう人に警告を発するとともに、真面目な登山客が山の道徳を信じて無警戒のあまり、痛い目にあうことのないよう、あえてここに述べておこうと思う。

七月の末、涸沢から登ってきた登山客でごった返していた穂高小屋も、夜十二時を過ぎるとまったく寝息しか聞こえなくなる。と、ある人が隣の若者から、

「便所に行くので、懐中電灯を貸してくれませんか」

といわれ、貸してやったところ、その若者が朝になっても便所から戻ってきていなかった。おかしいなと思っていると、二つ三つ向こうに枕を並べていた男が「リュックがなくなっている」と騒ぎ出した。

その人がゆうべの件を語ったので「じゃああわててリュックを取り違えて出ていったのかな」と、若者のそれを捜したが、やはりない。

つまりその若者が、自分のと他の客のと二つのリュックをしょっていったことになる。明らかに盗んで逃げていったわけだ。

私はこれを聞いて、さっそく人夫を涸沢に走らせ、上高地の派出所へ用件と人相、風体について電話をかけさせた。午前二時、三時に抜け出して白出沢をおりてゆくはずはない。やはり涸沢を経て、上高地へ行くのが常識だろうと思ったからである。

上高地の河童《かっぱ》橋のたもとで知らせを受けた警官が待ち受けるうち、その若者は大きなリュックをしょってノコノコと明神のほうからやってきて、たちまちつかまってしまった。リュックをとられたお客さんが、私から「上高地の派出所へ寄るように」といわれて立ち寄ったときは、犯人がさんざんアブラをしぼられているところだったそうである。

山はきびしいところだから、悪人というのは住みにくいのだが、近ごろはそれを目的にくる人がたまにいる。上高地のテント村へ夜中にしのびよって、何本ものピッケル、あるいは上等の登山靴などをさらって持っていってしまうのだ。やはり悪いことはできぬもので、パトロール隊員に怪しまれてたいてい捕えられてしまう。

しかし金をだまし取る知能犯は、いささか始末が悪い。私の小屋へ何度か来て、ちょっと顔見知りの若い男だったが、私にはどこかフーテンじみた実のない男に見えていた。

この男が、小屋に一人できた中年の女性に、「自分は大学生だが、途中で財布を落として困っている。あなたを案内してあげるから、いくらか貸してほしい。あとで必ず返すから」というようなことをいってとり入った。その女性は気の毒に思って、少し多目に貸したところ、案内することもなくどこかへ消えてしまったという。私には、「北穂で友だちが待っているから、泊まらずにすぐ行く」といい残して出ていったのだ。

女性は困り果てて私に訴えてきたが、私としてはその男がまた小屋にきたところを訊問するか、住所を突き止めてあげるしかできないので、また連絡し合うことにして彼女は下山していった。

ところがその男は、その後ついに小屋にやってこなかった。宿泊帳に記した住所に問い合わせても、そんな男はいなかった。また被害者が、いわれた大学に行って調べても、在籍していなかった。やはりフーテンだったのである。

このような悪い男も、優しくきびしい山とはいえたまには出没するので、みなさん——とくに女性はだまされないよう気をつけていただきたい。

## 山を愛する人は心もきれい

奥穂頂上の奥穂神社の前にサイ銭箱が置いてあるが、これがしばしばこわされ、もっていかれてしまうのである。箱ははじめ木で作ってあったが、ピッケルかなにかで打ちこわして中のサイ銭を持っていかれた。その箱を修理しておいたところ、こんどは箱ごと持っていってしまった。

そこで金属で作り直し、下部を石とボルト締めして、出し入れは錠をかけて行なうようにした。こんどは箱が動かせないので、強力なヤットコとか金テコのようなもので錠をねじ切り、サイ銭を全部盗んでいくのである。

あきれた私は、いまは太い針金でサイ銭箱をぐるぐる巻きにしておいてあるが、やはりそれを切ろうと試みる者がいる。かなりの傷跡がみられるのだ。なにも山へ重いドロボウ道具——ヤットコ、金テコ、ペンチの類——を持ってこなくてもよさそうなものを、なんでそんなくだらぬことをするのかと不思議でならない。このような山を汚す者よ、いまに山が怒り、きみは遭難を招くことになるだろう。

いやな話ばかりで恐縮なので、つぎに私に寄せられたさわやかな手紙をご紹介します。

〈前　略〉

さて私ども××大学山岳部では秋山（十一月一日）の際、穂高小屋炊事場に無断でございましたが、冬山用の荷物を置かせていただきました。実はそのことにつきまして、もっと早くご通知致さねばならぬところ、年度変更などで大変遅れてしまいましたことをお詫び申し上げます。

すなわち秋山で残してきた荷物（ラジウス二台、ナイロン天幕一張、ベニヤ板マット等の器具及びカンヅメ、キナ粉、羊カン、砂糖等の非常食料）のうちベニヤマット、キナ粉以外の物が盗難にあい、非常によくないこととは存じましたが、危機に見舞われてしまいましたので、小屋内にあった机二台と椅子四脚を燃料としてしまいました。事情のいかんを問わず、私どもの犯しましたことについては部員一同心を痛め、責任をもって返済申しあぐべく心掛けております故、さぞ御立腹とは存じますが何とぞ御赦《おゆる》し下さいますよう、重ねて御願い申し上げます。

念のため経過を記しますと、冬山合宿は前ホ北尾根より槍往復の予定で、十二月四日に横尾へ入り十四日午後二時半に前ホを越えて奥ホ天幕予定地に到着しました。早速天幕を張り、小屋の荷物を調べましたところ、ほとんど盗難にあっている始末なので炊事ができなくなり、やむなく階下のストーブを借用いたしまして、椅子二脚を損費してしまい、翌朝さらに二脚を燃料としてしまいました。早速、同日は事情を知らせるため前ホまで行き、ここまでサポートに来ていた部員に連絡しましたが、同日は間に合いませんでしたので、新たに来た二名と共に奥ホへ引き返して、同夜机一台を燃料としました。

昨朝（十六日）、ラジウスが届き、二十四日、アタック隊が引き返して来るまでの間は、お陰様で計画通り終えることができた次第です。二十三日はアタック隊成功の連絡があり、×大のパーティーが来ましたので、盗難のこと、備品を燃やしたことなど話しました。

以上の通りですが、机や椅子の件につきまして大いに責任を感じております。昭和三十一年度の部の費用が下りましたら、一日も早く返済申し上げますから、今しばらく御待ちくださいますよう御願い致します。

いま盗難の下手人を追及すべく、切られたカンヅメ等持ち帰りまして指紋の検出を行なっておりますが、やり口からして犯人は一般登山者でなく、近ごろ穂高付近で時々悪事を働いている男たちの仕業だと思われます。何はともあれ、われわれの不注意から今田様の小屋にまでご迷惑をお掛けしてしまいましたことを重ねてお詫び致しますとともに、助かりました部員一同深く感謝している次第です。

〈後　略〉

某大学の山岳部員が、穂高に冬山登山したとき、自分たちの不始末を詫びてこられたものだが、きちんとありのままを報告してその後、弁償された。近ごろは人のものなど盗ったりこわしたりしても、どこ吹く風といったことが多いのに、当たり前のことはいいながらこの態度は実に気持ちがいい。山をほんとうに愛している人は、心のきれいなしっかりした人である。

## 冬の槍ヶ岳登山

伊藤愿さんが、冬の槍ヶ岳にアタックしたのにお伴をしたことがある。槍の肩まではたどり着いているのであるが、大槍の直下夏道の取っ付きから上は、両側の岩頭がわずか出ているだけで、すべて凍みぬき雪（ザラメ状）に埋もれていて、全然足がかりができない。これは酷寒の時の特異な雪質で、粘りがなく底までザラザラで、無理にも登れないのである。思案にくれたが、天候は晴天であり、何とかして登頂したいものと、あちらこちら登り口を探す。ついに、小槍に寄った尾根の岩場から登ることを決意した。近づいてみるとそこは岩壁になっていたが、ほかに適当な場所が見当たらないので、決心してロープを使うことにした。

三メートルあたりの所から、投網よろしく投げた。ロープはうまく岩角に引っかかり、手ごたえをためしながら大丈夫と見極めた。しかしこの投げロープがすべったならば、千丈沢へ真っ逆さまと思ったので、腰縄をして私自身の確保を伊藤さんに頼み、投げロープを頼りに岩にへバリつきながら、手がかり足がかりを探して一寸刻みに進み、約四メートルの岩壁を運良く上まで登り着くことができたのである。

直に岩の綱株を見つけてそれにロープで、自分を確保し伊藤さんを引き上げた。岩場の雪渓は雪質によって非常に危険であるが、冬の岩は凍りついており、めったに動かない。岩場を探しながらついに頂上を極め、二人とも本当にうれしくて、天にもとどけと万歳を叫んだ。

## 山頂の寒風

終戦後すでに何年かたった、ある夏の話であるが、諸物資はまだまだ不自由で苦しい時代であった。朝のうち好天気だった空も昼過ぎになり、急に雲が湧いて気温がさがり、冷風とともに激しい夕立がおそってきた。馴れた登山者は、小屋に飛び込むなり下着を取り替え、雨具を着けて小やみになるのを待ち、用意周到な登山者は、早目に宿泊を決めて明日の天気を待つという、あわただしい一刻であった。しばらくして雨も小降りとなり、装備のととのっている者たちは小雨の中を、それなりにその気分をかみしめながら再び縦走を続けて行く。

夕方近くなってから、槍ヶ岳方面から縦走して来た若い一行があった。男性四名、女性五名のグループでいずれも雨具の用意がなく、全身ズブ濡れになってほうほうの態でころげ込んできたのである。さっそくストーブをたき、暖をとらせることにしたが、困ったことには下着の着替えを持っていないのだった。なにしろ山の雨は空から降るのは珍しく、下から吹きあげてくるので下着までズブ濡れになっている。見かねて従業員のサル又、ズボン下、アノラックから女性用のものまでかき集めて、濡れた物の乾くまで貸してやることにした。

翌朝は好天気であり、大勢の宿泊者の食事に追われ従業員は転手古舞いであったが、フト気がつくと例の九人連れのパーティーも、すでに出発しているところであった。思い出して部屋へ行って見ると、女性は借り物をていねいに畳んで置いてあるが、男性の物はなにも見当たらない。外へ出て見ると、先頭の者はだいぶ先に登っているので、最後の一人を見つけて「お出かけですか」と声をかけてみたが、振りかえりもしないで奥穂高の方へどんどんと登って行く。

私らも品不足の時代で、しかもアルプスのてっぺんであるから、まさかの時の着替えの品をみんなからかき集めて貸しただけに、それを取りあげられては明日から困ってしまう。急いで従業員のM君を、取り戻しのために後を追わせることにした。私も心配で、小屋の方は従業員たちに指図しておいて、少しおくれて後を追いかけた。小屋から奥穂へは急峻な登攀で、婦人連れでは相当時間がかかるはずである。

登山者の群れを追い越しながら、奥穂の頂上近くまできてみると、M君が先頭の男性からズボン下を脱がせたところで、私をみて「あったぞー」と振り回してみせる。私も次の人に追い付き話してみると、サル又をはいていることが判った。がさて、このアルプスのてっぺんでサル又を脱がすのもどうかと、ためらっているとそばへ来たM君が「はいていかれてはわしらのチンが風邪を引くじゃないか、下界へ降りれば何とかなるが、岳ではお店がないんだからぼくらは困ってしまう。あの岩陰でぬいでください」という。真夏とはいえ、奥穂高岳の頂上の朝風は想像以上に冷たい。同行の女性たちもそれぞれ見ないふりして、岩陰にかがみ込んで風を避けている。

アノラックがまだ見つかっていないので、M君にそちらをまかせ、私はサル又の男性と連れだって岩陰にはいったが、この神聖な山頂を思い、寒風の中の若者の姿を見ていると、怒りとも悲しみともつかない感情がこみあげてきて、ついつい「もういいよ！」と許してやる気になってしまい、私自身がホッと安心するのであった。M君たちには、あとで話をして納得してもらうことにしようと考えながら、M君の後を追った。

気が付くと、先程からずっと後方に男性が一人、なかなか上ってこない。靴のひもを結んでいるような格好であるが、それにしては長すぎる。近づいていろいろ話してみると、案の定アノラックを持っていることが判り、しかもリュックサックの一番底に畳んで詰め込んであったのには全く驚いた。登山道徳も地に落ちたものだと悲しくなり、もう怒る気も失せてしまった。小屋ではみんな心配して、屋根に登って見上げており、お客様も何事かと驚いている。M君は「あったぞー」と下着類をフリタテフリタテて降りて行った。

やがて小屋から、ドッとにぎやかな笑いがわきあがった。しかし私には、どうしてもいっしょに笑う気分がわいてこなかった。

## 変わった客人

### 1

山小屋はシーズンのうちに、二、三回満員の時がある。小屋に到着した順番に受け付けをし、夕食も早い方は四時ごろより始め、遅い方は八時過ぎになってしまう。夕食が終われば早々と寝てしまう人もいる。

さて、小屋に早く着いて食事をすませ、七時ごろには寝ていた一人のお客が、受け付けにきて荷物を急いでまとめながら「もう寝すぎてしまいました。今日はどうしても早く帰らなければなりません。食事は途中でとります」といって出発しようとする。時間が時間だから「今日はもう遅すぎるから危険ですよ」と説得したが、とにかくきょうは早く帰らねばならないの一点張りで、奥穂高へどんどん登ってゆくのである。夕日がすっかり沈むころであった。いくらなんでもおそすぎる。私としてはほうっておくわけにはいかない。小屋も転手古舞いの状態だったが、二人の人夫を出して、追いかけて連れ戻すようにたのんだ。

しばらくして追いついた人夫に、そのお客は磁石を見ながらいったものだ。

「西に朝日が出るというのはどういうことだろう」

ははあ、お客さんは夕方と朝を間違えているのだなと人夫が思ったとき、お客もようやく正気となり気付いて、いっしょに小屋へ帰ってきた。

彼ははずかしそうに「寝ぼけていてどうもすみませんでした。小屋の主人の話も聞き入れず……」と赤くなりながら幾度もあやまって、元の寝床へともぐり込んだのだった。

## 2

それは九月の小雨の降る晩であった。夜十一時ごろ、泊まっているお客さんが小屋の近くで人のうなり声がするというので、元気のよい登山者数名でさがしに出てみると、雨に濡れてたおれていた男がおり、小屋にかつぎ込んできた。それっとマッサージをしたり、温かい飲みものをのませて介抱につとめた。ずぶぬれになった衣類を替えさせるにも、当人は着替えを一枚ももっていず、泊まりあわせた登山者が少しずつ出し合って貸すありさまであった。三十歳くらいのその男は、意識もうろうとしていて、何を聞いても返事することもできない状態であった。

ちょうどお医者様も泊まりあわせていて、懸命に介抱したところ、ようやく正気に戻ったので、温かくして寝かすことにした。居合わせた人たちはゴムの長靴にボストンバッグをさげて、このきびしい秋の穂高に登ってきた男を不審に思い、話し合いの上持ち物を調べることにした。

ボストンバッグを開いてみたら驚いたことに、二五センチくらいのカスガイ一丁に三〇センチほどのネジ付きボートーが一本と、お金は一千円ちょうど、その他はめぼしいものは何もないのである。

あくる朝、その男は疲労も回復し、朝食もたくさんたべることができたので、一刻も早く下界に降ろしたほうが良いと思い、涸沢経由で上高地におりるようにいって送り出した。この男はいったいどんな気持ちで穂高に登ってきたのだろうか。私にはまるで穂高に迷い込んできたようにも思われる（あるいは邪推かもしれないが、小屋の物でも取りにきたのかも知れない）。宿泊した登山者の中には、その男を夕方見かけて、変な男だと思ったといっていた。

私が思うに、その男は小屋に泊まるには金がなく野宿していたが、雨に濡れ寒くて我慢できず、小屋の方へ近づいてきたのだろう。その男は着替えをもってきていなかったので、そのとき貸した衣類はそのままほんとうに貸し与えることになってしまった。穂高にくるには持参品があまりにも変わった品々だったので、一応警察の方にも連絡しておいた。昔は小屋番が一人か二人だったので、あまり変わった人がくるとまことに不安になったものだが、現在は少ない時でも四、五人はいるので、安心していられる。

長い山小屋生活の間には、いろいろと変わったおもしろいこともあるものです。

## アルプス頂上の汽車弁

　大平洋戦争が始まると、次第に食糧が不足になってきた。昭和十七、八年ごろには、穂高小屋で売っていた唯一の飲料水カルピスも不足となり、地方の販売店からはだんだんと買い入れができなくなった。こんな時、東京のある製造会社の方が、穂高登山にこられた。私たちの愚痴話を聞かれて同情され、登山者への飲み物としてどれだけでも潤いを与えてやりたいものと申され、輸送などについて御相談下さったので、当方からはカルピスのあきびんを東京に送り、それにカルピスを詰めて送ってくださる約束になった。果たしてうまくゆくかどうか心配しながら、あきびんを集めてそれに山で採れた大豆、ヒエ等を、お礼に詰めて送った。そのころには、既に東京にはあきびんさえ無かったのである。

　翌年の春、約束通り、大量のびんが送り返されてきた。ほんとうにうれしかった。まぎれもないカルピスが、どのびんにも一ぱい詰まっていた。二、三年続いたであろうか。そのうち東京は大空襲を受けるようになり、通信も途絶えてついに何もかもわからなくなってしまった。もちろんカルピスの輸送もなくなり、そして終戦となった。

終戦後はますます食糧品は不足をするばかりであった。私たちも山持ちの地主から土地を借りて、山に焼け畑をつくり、ヒエ、アワ、大豆などを作って、なんとか生き長らえてきたのである。穫れた穀類は山荘にも背負い揚げ、お客様に利用した。大豆は炒り豆に、小豆はゆで小豆にした。時にはヒエをお米にまぜて、お客様に食べていただいた。都会のお客様からは「山のお米はこわれているが、風味があって大変うまい」とよろこばれた。

このようにして、食べ物はあっても飲み物のほうはなくなってきた。いろいろと考えた末、果実液を作ろうと思いついた。それからは秋になり岳をおりれば山にゆき、手当たり次第に果物を拾ってきた。最初の年は、やまずみ（山梨）の実（親指の頭位の大きさ）がたくさん拾えた。これは非常に酸っぱくてだれもかえりみないものである。これを餅つき臼でつきつぶし、絞った汁を一升びんに詰めておくのである。山ブドウはつぶしてそのまま桶に漬け込み、砂糖を入れてしばらくおいてから一升びんに詰める。そのほか小ナシ、グミ、何でもそれぞれの風味があり、物の乏しい時にはちょっとした工夫で大変喜んでもらえるものである。

砂糖は当時、食糧の代用品としてこの地方には大量に配給されたが、田舎ではあまり砂糖は使わなかった習慣のため、十分に出回っていた。

やまずみ液はカルピスの代用としてよく売れ、ブドウ液は下界でなじまれていたせいか、上等品ということで飛ぶように売れた。しかし量が少ないのでたちまちなくなる始末であった。もし下界でこんな工合に売れるものならば、大工場を建てて製造したらずいぶんと金もうけができ、こんなおもしろい商売はなかろうなどとよく話に花が咲いたものである。何しろ元手は山から拾って来た労力を除けば、ただのものだったから……。ともあれ当時は、口に入れる物でさえあれば何でも良かったのである。

私たち自身の食料として、時にふかしパンを焼いていると、どこからこんなに集まってくるのかと思うほど人が集まって来て、列を作ったのには、全く驚いてしまったことがあった。このふかしパンの麦粉は、私たちの食料として配給されたものであり、元手がかかっており、そうそう気楽には分けられない物なのである。小屋では食事のほかに、お昼の弁当を出すことになっているが、戦時下はそれもできなくなっていた。しかしどうしてもほしいと言われると気の毒になって、ついに売ることにした。「山へ来て食料にありついた」と感謝されたことである。買い求めたふかしパンは、帰りの汽車弁にするのだということであった。

# 稀有の残雪

昭和四十六年の暮れから四十七年の春にかけての冬は、暖冬で下界は雪が非常に少なく、降るものはほとんど雨で、せっかくいくらか積もった雪も溶かしてしまう有様であって、各地のスキー場はみんな音をあげてしまった。

四月となり、下界は残雪もなくなってすっかり春めいてきたので、五月一日の山荘開業を控え、四月二十日の早朝、人夫五人を引き連れて入山するべく出発した。

蒲田、新穂高を過ぎ白出出合あたりから積雪があり、登っていくに随《したが》って予想外の残雪で、例年よりはるかに大量に見えてきた。よくよく考えるとそのはずであった。下界の雨の時は岳では必ず雪が降っており、しかもその雪は暖冬のため水分が多くて重たく、風にもそんなに吹き飛ばされずに積もる一方で、いたるところものすごい雪であったらしい。お陰様で登るには案外楽であった。

ようやく稜線に立って、さて山荘と思われるあたりを眺めても、どこにあるのかその位置もまったく判らないのである。しかも例年とはその積もり方が変わっている。例年だと北風が飛驒側から吹き上げて、風除《よ》けの石垣を越し信州側に雪を吹き飛ばす。

したがって石垣の上端はいつも露出していて、そこから斜めに信州側へ積雪が厚くなっているのである。ところがこの冬は暖冬で、常に南風が強く信州側から吹きあげて、飛騨側へ雪を運び、石垣の上端に大量の積雪ができて厚い雪庇《せっぴ》となっている。その先を、弱い北風が吹きちぎっていく、こういう反覆を繰り返したもののようで、石垣の上端の積雪は石垣に続いて垂直の壁となっていた。全く例年の反対現象だったのである。

しかし今晩は、何としても掘り出して泊まらねばならないので必死である。見当をつけて掘り下げて進む、水分の多い雪は氷結していてスコップもたたない。一メートル、二メートル、三メートル、もう出てもよいはずだ。先程から幾度目の休息だろう。一息ついてまた始める。四メートル、五メートル、全く井戸の底だ。目標は大きいのだから見当違いはないはずだが、と考えていると、先頭のほうから「あったぞ!」と声があがった。二階の目標の窓らしい。左右に掘り広げて、さて戸をあけようとしたが雪の重みで全然ダメだ。仕方なくガラスを割ってはいる。

内部の戸も圧《お》されて開く戸は少なく、梁の折れ込んだものもあり、あちこちの破損もひどい。このままでは危険で、とうてい人様を宿泊さすわけにはいかない。それに五メートル余りもある屋根の雪を除かねばならないが、五、六人くらいの人夫では氷結した雪をノコギリで引き割って除くのに、屋根だけでも一か月はかかる。家の中の修理もあるので、さっそく蒲田の連絡所へ無線で事情を話し、厚生省の監理事務所をはじめ、新聞その他にも報告して「山荘の開始は二週間ほど遅れる」ことを連絡するようにお願いした。

今年で穂高岳山荘を開設してから五十年にもなるが、このような大残雪は初めてのことであった。沢の残雪も多く、山麓の温泉郷からは遅くまで白く輝く景観が楽しめたことである。

## 胆っ玉の鍛練場

私たちはもうなれっこになっているが、むごたらしく遭難死した登山者の遺体を見た新米の夏季アルバイトの学生は、かなり参ってしまうようだ。疲労凍死のようなきれいなものならまだいいが、顔がつぶれていたり、口からドス黒い血アワを噴いていたり、手足がもげているようなのにぶつかると、見る見るうちに顔が青ざめ、よろよろしてくるのがわかる。

とくに女子学生は男の子にまかせて、目をつぶりながらその場から退いていくが、その夜はトイレに行くのがたいへんらしい。二、三人誘いあわせて、互いにランプを持たせながらやっている。かなり気丈なのがその翌朝、

「足がガクガクしておちおち用を足していられなかった」

ともらしたが、私にはなぜそうこわいのか、不思議でならない。暗いところでは、何ものかに襲われるかもしれないという大昔からの恐怖感が、幽霊やオバケを連想させ、ビクビクさせるのだろう。

ところが何回か山小屋でアルバイトを過ごしたベテランになると、それほど恐れなくなってきて、遭難者の処置もテキパキと行なうし、暗いところでも平気になってくるのだから、山小屋のアルバイトは胆っ玉の鍛練にはもってこいの場ということになる。

しかし私がいいたいのは、こういうことになれすぎて遺体の捜索をいい加減にしたり、〝親不孝め〟と粗末に遺体を扱ったりしてはならないこと。ともすると〝山男〟としての荒っぽさから、そういった行為も出てきがちなので、これはアルバイトの人ばかりでなく、関係者には厳にいましめているつもりである。

# 穂高の哀歓

## 記録映画『穂高に生きる』

昭和三十二年の穂高小屋の大増改築にあたって、私は山小屋を作る姿を映画に撮って残しておきたい気持ちになった。このつぎ作りかえるときは、そんなことができるかどうかわからないからである。

そこで有名な山の大家、塚本閤治さんにお話ししたところ、はじめ快諾を得たのだが、増改築の迫ったころ、仕事の都合でどうしても手があけられないということになり困ってしまった。そこへ、ちょうど、16ミリ映画で山をさかんに撮っておられた中沢義直さんという方が現われたので、急遽《きゅうきょ》中沢さんにお願いすることにした。

撮影は白出谷の製材所での木づくりから、それを運ぶ持子《もちこ》の姿、木材が敷地に積まれて一挙に建て前をするところで三十二年を終わり、翌三十三年は小屋に用いる道具類を神岡の自宅から柳谷の中継所まで運ぶ状況からはじまった。

中沢さんの友人をモデルに使ったり、途中で出会ったおばさん、おばあさんにカメラにはいってもらったり、なかなか撮影とは楽しいものだと知った。

しかし白出沢を登りながら、荷物を運びあげる場面の撮影は、中沢さんもたいへんな苦労だったと思う。

山小屋の活動状況は、かなりのフィルムを割いて撮影された。約二十人の手伝いの女性や学生アルバイトが、掃除をし、せんたくをし、木を割り米をといで、炊事をはじめるという戦場のような場面が十分に収められた。

小屋の内部もすっかり整えられたので、山小屋の記録映画としてはなかなかいいものができたと思っていたら、昭和三十六年の十月二十四日、この映画の製作発表会を東京赤坂の砂防会館で開くという連絡があった。「穂高に生きる」という題にしたということ。

ところがその二日前に、東京駅八重洲口のブリヂストン会館で東京岳嶺会主催の「重太郎さんを迎える会」を開くからというので、私は断った。なにかしゃべらされるのはまったく苦手だし、ちょうど神経痛が悪くなっていたので、東京くんだりまで出るのがつらかったのだ。

しかしポスターには刷ってしまったし、重太郎さんを知っている人がみな集まることになっているから、顔を出してもらわなければどうしても困ると再三連絡されてきたので、とうとう出かけることにした。

会場にはなつかしい方々がいっぱいおられて、やはり私は来てよかった、としみじみ思ったのである。映画の撮影と編集をしてくださった中沢義直さんはじめ、日本山岳会理事の折井健一さん、女流登山家の坂倉登喜子さん、好日山荘の海野治良さん、東京野歩路《のぼろう》会の本多月光さん、山と溪谷社の川崎吉蔵さん、黒田正夫、初子ご夫妻、三成善次郎さん、碓井徳蔵さん、その他多勢の方々に囲まれて、私はすっかり上気してしまった。

翌々日、砂防会館で上映された『穂高に生きる』は天然色で、まことに上手に編集されていた。中沢さんと手伝われた長谷川さんには感謝のほかなく、秀逸な山小屋の記録映画として伝えられるでしょう。

## 「重さん、山を去る」の波紋

いまは山荘の経営も、息子夫婦たちを交えてやっているから、私一人できりきり舞いすることはなくなって、夏山シーズン最盛期だけ山荘で過ごすようになったが、小屋をはじめてから長いこと、毎年六月の初めから十一月の初めまで、約半年近くは山で暮らしていたので、やはり山の底冷えにあてられたのか、昭和三十年ころから足に神経痛を覚えはじめた。

私にとってはかけがえのない大切な足なので、ひどくならないようにと薬を飲んだりマッサージしたりしてカバーしていたのだが、何としたことかなかなか全治せず、昭和三十六年の春には自宅の建築のため足を使い過ぎたこともあって、初夏になっても回復してくれなかった。

いささか心細くなった私は、心配して見舞ってくださった方々に、

「これほど神経痛を患ってしまっては、ことしは山へは行けんようになるんでは……」

と冗談ごかしに言ったら、いつの間にか新聞記者たちの耳にするところとなり、

「今田老、神経痛悪化し穂高行断念」

「穂高の重さん、山を去る」

などと書きたてられてしまった。歩けなくなったのではあるまいし、「なにくそっ！」と思って療養につとめていたら、少しずつよくなって、その夏も白出沢を登ってちゃんと小屋へ仕事に行った。

この療養につとめたというのは、「今田老、山を去る」の記事に心配した山の知り合いの方々が、よく効く漢方薬だとか、指圧療法の最良方法図解、名医の紹介といったことをいろいろと知らせてくださったので、私はこれらを大いに利用させていただ

いたということである。

私にはこの療法のすべてが、うまくかみ合って快方に向かったと感謝している。と同時に、こういうきっかけをつくった、「山を去る」の記事を書いた方々にもお礼をいわなければならない。

しかし神経痛というのは、年とると根治するものではないので、冬のうちはどうしても少し痛む。多少ビッコをひいた私を見て、事情を知らぬ人は、

「今田のじいさんももう弱ったか」

などとささやいているようだが、とんでもない話だ。足をかばっているだけの話で、夏になれば痛みもとれ、ことしも元気に登る。

## 本場アルプス行の感激

昭和四十二年(一九六七年)、日墺国際スキー協会理事長の岩動《いするぎ》洋二先生のお誘いでアルプスへ行くことになり、本場アルプスの高山植物とか氷河、ヒュッテなど一度見たいと思っていた矢先だったので、ガイド仲間だった松井憲三さん、槍ヶ岳山荘の穂苅貞雄さん、映画『穂高に生きる』を撮影された中沢義直さんらと同行した。

六月二十一日午後八時三十分、東京羽田空港からフランス、パリ行に塔乗した。北極回りでアラスカのアンカレッジに着陸、約一時間休息して一万メートル以上の高空から白夜の北極海を眺めながらコペンハーゲンに着き、しばらく休息して六月二十二日午前八時三十五分、パリに到着した。ここで飛行機を乗り換え、オーストリアのウィーンに着き、ここでは二日間視察見学をして過ごし、六月二十四日、汽車でザルツブルク州のザールフェルデンに到着し、以後ここを基地として滞在し各地を見学することになった。

ここの宿舎は古い四百年も昔からの民家で、廊下から食堂へ敷居をまたいで踏みつける板などは長年の足跡で深くくぼんでいた。その夜は山岳火祭りの当日で、町は大変にぎやかであり、周囲の山々に一時に灯火がついて何とも形容できないすばらしさであった。

二十五日には当市の市長さんや観光課長さんご夫妻などが、わざわざ宿舎に来訪されて歓談してくださった。

二十六日には市役所の招待を受け、庁内を見学し、フランス人形の御土産までいただきました。

二十七日、今日は当ザールフェルデン市のスキー場を見学するため、リフトに乗った。さすが森林と牧場の国といわれるだけあって広大であり山頂も奥深く、リフトの終点には立派な売店があり食堂もあって、これまた大規模なものであった。森林国だけに、スキーの製造も国内いたる所に工場があるようだった。スキー場の積雪はだいたい二メートルほどと見受けたが、リフトの値段についてはわれわれは無料の招待だったため覚えがなく、参考上残念なことをしたと思っている。

二十八日、ザールフェルデンからオーストリア第二の都市ザルツブルクに行った。この両都市の間には、三十分ほどであったがドイツ領を通過しなければならないところがあって、パスポートの取り調べは非常に厳重であった。

ここは有名な岩窟の城跡があるところで、岩石の山を利用して築かれた城跡には、相当古い時代の大砲が幾台もすえ付けてあり、崩れた城郭のあちこちの広場には、バラの花が色とりどりに咲き乱れていて、古城の感慨は日本とはまた別の趣があった。この地方は、他では見かけなかった珍しい服装をした人々が、昔ながらの馬車に乗って往来しているなど、日本ではとても見られない一幅の絵のようであった。

帰途、道路わきに小さな天幕を張り、魚を焼いて売っている露店を見かけたので、どんなに珍しい魚だろうとわざわざ後戻りして買ってみて驚いた。それは日本にいくらでもある、私らの地方でいうニシンイワシであった。

二十九日、市の観光課長他二名の方々の案内で、ザールパハル山へ登山することになり、登山ケーブルに乗り込んだ。ふもとの草原地帯の間は牧場らしく、ケーブルから見おろすと緬羊の群れがあちこちに見える。足場の良さそうな所には牛もいた。

この山はそれほど高くないが、山一面にジュウタンを敷きつめたようで、実に雄大な綺麗な岳であった。岳をくだって市内の各所を見物し、またまた招待を受けてしまった。欧州の酒は強く、ご馳走は初めて食べる物ばかりで、何から手をつけてよいか迷う仕末である。それでもうれしいことには、どこへ行っても日本人を歓迎し、愛してくれることで気楽に過ごせたことであった。これも岩動先生のご一行に加えていただいたおかげだと感謝せずにはいられません。

三十日、きょうはオーストリア国内の、セリセリフト岳（三二〇四メートル）に登山する。案内者はワリタニイ・グライダーという山岳隊の軍人で、スキーの先生として日本にも時々指導にきてくださった方だそうである。

しばらくはケーブルで登り、終点からの登高は一時間余り、途中ロープを利用したのは一〇〇メートルぐらいで、心配していた足の神経痛も何事もなく頂上に立つことができた。周囲を見回すとどちらを見ても雪の山ばかりで、あちこちにスキーヤーが滑降しているのが見えた。

帰りは氷河と雪の上を通りケーブルの乗車地点まで降りたが、そのあたりでは雪上車が往来して、雪をならしていた。

## アイガー、ユングフラウへ

七月一日、ヨーロッパ・アルプスの中のドロミテ・アルプスといわれるイタリアの山岳群は、オーストリアとの国境の向こうに連なる三二〇〇メートルから三三〇〇メートル以上の山々で、道路は岳の肩まで開けているので、今日はタクシーを駆って登ることになった。終点まで四時間かかったが、あと一息の目の先に三三〇〇メートルの尖塔が立ち並んで見える。

大ホテルの前で下車し、絶景を観賞しながら昼食をする。付近には巨大な岩頭が立ち並び、下をながめると道が真横に延びている。その先には広大なテント村があった。そこは草原で高山植物も咲き乱れていた。

引き返して別の山岳へ登る。有名なオーストリア国のグロースグロックナー岳（三七九八メートル）の大氷河を見学する。それ以上は専門の雪山登山者の領分で、私らは遠慮したが、幾組かのパーティーが望見された。雪の峠路を越えて宿舎に到着したのは、もう夜の九時過ぎであった。

二日、休養をとる。

三日、ザールフェルデンの山林、植物、牧場、牧場小屋などを見学する。案内者はワリタニイ・グライダーさんである。山林は日本と同じように国有林と民有林になっており、国有林の内にも牧場がある。山の奥地でもバター、チーズを製造している小工場があり、非常に親切で親しみ深く、われわれに無料でサービスしてくれたが、見たところ生活は余り豊かのようには見えなかった。

四日、ハルシュタットにゆく。大湖水のほとりにあり観光の町で知られているところ、川の水も清くて綺麗である。キリスト教の盛んなところでりっぱな教会が建ち並んでおり、国産品を並べた大建築物も見えた。

五日、郊外の小山へケーブルで出かけ、終日遊ぶ。岩塩の出るところもあった。

六日、ハルシュタットからケーブルでアイスヘーレにある洞窟を見学する。岩窟内には氷の山や池などもあって、通過におよそ一時間もかかった。次にクリベンシュタイン山に登る。この山の麓にあるスキー小屋で休憩したが、この小屋には日本人が多く宿泊するとのことであった。

七日・八日、この両日は天候が悪く滞在。

九日、ザールフェルデンに一度帰ることになり、一時三十分の汽車に乗り六時四十分に到着した。今回は前の宿舎と変わり当市一番のホテルで、これは百四十年前の大邸宅であり国王も宿泊した部屋ということであった。

十日、いよいよ今日は本場スイスのアルプス、アイガー（三九七〇メートル）、ユングフラウ（四一五八メートル）登山に出発する。午前七時発、途中三回乗り換えて十二時間の道中だった。しかしチュリッッヒ湖はじめ風光明媚な湖水の連続であり、その間を縫うようにしてアルプス山麓の観光の町、グリンデルワルトに午後六時三十分到着した。

この町には、かつて槇有恒さんがアルプス登攀の折り、ガイドをつとめたエミール・シュトイリ老人がおられるので訪問した。非常に喜ばれ、夫人はじめ家族の方々が宿泊するようにとしきりにすすめてくれたが、ご迷惑と思ってホテルに宿泊することにした。

その夜、先方からの招待を受けたのでみんなで出かけ、昔ばなしからよもやまの話で時間のたつのも忘れて話し込んだものである。最後に日本人のサインをたくさん持ち出して見せてくれた。有名な方、なつかしい方のサインが目につくたびにまた話に花が咲く。私らのサインも求められるまま、下手なサインをしてきた。帰りには私を、あの大きなからだで抱きしめて名残りを惜しまれたことを思い出す。歳はすでに八十を幾つか越しておられるであろう。

十一日、グリンデルワルトを七時に出発、登山電車はアイガーのふもとを横切って上り、ユングフラウの岩壁の下に着く。ここは広大な平になっており、駅付近には売店食堂がある。さらに乗り換えてアイガーに向かう。電車はアイガーの岩壁を貫き、ユングフラウとアイガーの鞍部に着く。岩の中に駅があり、右に進めば氷の路、それを通り抜けると氷の広場がある。右側の一室には氷の芸術自動車が飾ってあり、左側へ出れば見渡す限りの雪の山で、縦横に山歩きができるようになっている。

頂上に登るには本格的な準備が必要であるので、私たちはここまでの視察にしておく。電車の途中に二か所、アイガーの壁を見物する見晴らし所がある。足もとには可憐な高山植物が咲き乱れているのに、対する岩壁の上には残雪が上から押し出して雪庇《せっぴ》となり、時折りナダレて落下するので有名なところである。ちょうど私どもが見物している間に、右壁上の残雪が雪崩を起こした。ものすごく、また見事なものであった。

十二日、ザールフェルデンに帰り宿泊する。

十三・十四・十五日、休養。

十六日、首都ウィーンに帰り宿泊したが、今まで山岳地帯を回っていたためか非常に暖かく感じ、夜は眠れないくらいで大陸の広さをしみじみと感じた。

十七日、帰国の準備で午前中買い物をする。午後、飛行機でフランス、パリに向かう。

十八日、一か月の長い訪欧の旅も、今日で終わりだと思うとやはり名残りが惜しい。午前中パリ市内を見学して、午後二時発の飛行機に乗り込む。往路と同じ北極回りである。ハンブルクで四十分ほど休息し北極にかかる。六月に通った時には一面の氷の海であったが、今度は氷山となって漂流している。一万二、三〇〇〇メートルの空から見下ろすと、まるで星のように見える。アラスカに近づくに従い次第に天候が悪くなり、雲が湧き出してきたので、いささか心配になってきた。無事アラスカのアンカレッジに着陸したときにはホッとした。聞けば荒天のため、途中まで迎えの飛行機が出ていたとかの話であった。

アラスカの川を見れば泥沼のようで、増水のため岸の草木は押し倒されている。サケかマスでもいないかと期待していたのに、それどころの話ではなかった。機中で食事が出たが、遠目で見るとお皿に盛り上げてあるので、日本に近づいたのでお米のご飯かとばかり思っていたら、手元に配られたのをよくよく見れば、なんと本日の食事はカニの身ばかりであった。

東京着午後六時四十分、構内特別室において一か月間の同行の皆さんと別れを惜しみ、無事を祝して乾杯し、「グッドバイ」と別れた。

## カナダ、アメリカ視察の旅

国立公園協会主催のカナダ、アメリカ国立公園視察団の一行に加わり、昭和四十五年六月十日、今はなくなった娘紀美子に見送られ、東京羽田空港から機上の人となった。非常にデラックスで音楽は流れ、映画も見られ、食堂も一流並みの日本航空のダグラス機で夕やみの東京を後にカナダに向かう。途中に日付変更線があり、二時間四十分程時計を遅らせた。

バンクーバーに宿泊し、夕方から市街地や港を視察した。カナダの人口は三千二百五十万人だが国は大国で、有名な「ロッキー山脈」(四〇〇〇メートル級)の高峰は、実にすばらしいながめであった。

六月十一日、バンクーバー市内及び近郊の視察。特に公園や公共施設の完備している点は、先進国といわれるだけのことがあると思った。バンクーバーからは汽車に乗ったが、日本と違っていることは乗降ホームが無いことで、線路まで三段型鉄ばしごで直接乗り降りするのである。車内は個室になっていて、食堂もついている。

十二日、午前九時三十分ジャスパーに到着。ここはカナダ最大の国立公園のあるところで、国立公園管理当局の方々と懇談した。終わって局員の案内で公園内を視察し宿泊した。

十三日、特別バスで一日じゅうジャスパー公園内を視察する。夏の避暑地である大平原、森林公園等管理も厳しくしているが実に立派な所である。

また大家族が、車内生活のできるマンション式自動車などは実に豪勢なもので、日本ではとてもまねはできないだろう。第一、日本の道路では走れないと思った。一日一泊五百円だという。その他、天幕地は無料というから恵まれたものだと感心した。午後からアイウエ大氷河地帯へ雪上車で向かった。両側は雪の山岳で実に見事なものであった。

十四日、カナダ国立公園の核心部イーディス・カベル山、コロンビア・アイスフィールド、ペイト湖、ルイーズ湖を訪れる。ペイト湖は長さ一五マイル、両側は雄大な岩石の山岳で日本では見られないすばらしいものだ。かなり広く汽船で往復四時間を要した。公園内の野生動物は手厚く保護されており、クマ、シカ、リス、その他名も知らない動物がいっぱい住んでいて、肉眼でも多く見ることができた。

十五日、ルイーズ湖、ヨーホー、クートニーの二国立公園を視察するのに一日を費やし、バンフ市のホテルに宿泊した。

十六日、一日じゅうバンフ国立公園ミネワンカ湖を視察する。

十七日、バンフ発カルガリーへ向かう。世界で初めての国際平和公園である。ウォータートン・レイクスの有名な国立公園を巡り、これを最後にカナダからアメリカに渡るのである。行けども走れども森林地帯と大高原が続く。そして両国の国境には、道路の両側に大きな鉄筋コンクリートの境界塔が建っており、通行者検問所は大きな役所のような建物である。氷河の原始境といわれるアメリカのグレーシャー国立公園に到着し、マクドナルド湖ホテルに宿泊する。カナダ、アメリカの大森林地帯は、材木に切り出すようなことは及ばぬのか自然のままとなっている。日本のように植林をしたような形跡は見られないのである。樹種は日本のトウヒ、シラビによく似ていた。笹や竹類はまったく見られなかった。

山野と森林地帯以外の手の届く土地は牧場になっており、牛、馬、緬羊等数限りなく移動しているところを見た。外国人は肉食のため、牛を飼うことが日本の農業と同じようになっているようである。

十八日、グレーシャー国立公園、マクドナルド湖を出発、モンタナ州のローナンへ走った。このコース中には「太陽への道」と称するハイウェーがあり、途中国立バイソン保護区とナインパイプ野生動物保護区を視察して、夕方ローナンのホテルに到着した。

十九日、ローナン発ミゾリーにあるアメリカ最古の国立公園イエローストーンを視察する。この公園は一八七二年に設立されていて、日本では東京―横浜間を初めて汽車が走ったときである。現在年間の観光者は千百五十万人もあり、いかに人気があるかを物語っているだろう。マンモス・ホット・スプリングスに宿泊。

二十日、前日に引き続き同公園を視察、まだ回り切れなかったが、その夜はオールド・フェイスフルのホテルに宿泊。

二十一日、雄大なティトン山脈とジャクソン湖で世界に人気を呼んでいる国立公園グランド・ティトンの山肌と湖の調和をながめながら、一日はすぐに過ぎてしまった。ジャクソン湖で宿泊。

二十二日、前日は車窓からながめてきたが、今日はハイヤーと徒歩でグランド・ティトン公園内を視察する。

二十三日、この日は空の旅で、ジャクソン湖ホテルの特別バスで空港まで送ってもらい、機上の人となる。ソルト・レイク・シティにて乗り換えの時間を利用し、宗教都市といわれる市内を視察する。シーダー・シティに着いたのは夕方五時三十分であった。

二十四日、ザイオン国立公園に向かう。その名も色彩豊かなザイオン峡谷は世界屈指であり、公園管理には力を入れていることがよくわかった。

## 大砂漠と大高原と大森林

二十五日、ザイオンのホテルをたって、世界に誇る大峡谷グランド・キャニオンの北壁に向かう。途中、大砂漠と大高原を通過する。雨も降らず水も無し、気温は四十六度、草木は多少あるていど、大木は見ることができない。この時ばかりは別世界にきた心地がして、あの西部劇を思い出した。だんだん奥地にはいるにしたがって、大木も見えるようになり一安心といったところだった。樹種は松やモミの類と思われた。やっとグランド・キャニオン国立公園に到着した。

二十六日、ブライス・キャニオン国立公園に向かう。華麗で幻想的な公園で塔のごとく岩が立ち並び、すばらしいというか、見事というか、筆舌に尽くしがたいとはこのことであろう。夜は公園内のホテルに宿泊したが、岩や崖が多いため外に出て遭難する者が出るため、この地ではアルコール類はいっさい販売していなかった。

二十七日、ブライス・キャニオンをたってレイク・ミードへ向かう。途中にあるシーダー・シティから船旅行となる。ラスベガス着十時五十一分。ここのレイク・ミード国立レクリエーション地域を視察した。若者たちのつどいは、まだまだ日本では見られない情景だ。一行は老人ばかりで、その点心配はなかったが……。ラスベガスからサンフランシスコへ回ったが、ここは世界的な大都市で私たちには縁の遠い感じを受けた。大ホテルに宿泊したが、ただ豪華の印象だけが残っている。

二十八日、国立公園局を訪問したが、会話はすべて通訳の領分で、私たち一行はゼスチャーをやっていればよいわけだ。同局の厚意の特別バスで市内見物、東京とあまり変わりはないが、規模はかなり大きいようだ。当地には日本人の経営する商店も多く見られた。日本料理店へはいり、幾日振りかで日本料理にありついた。

二十九日、今日は巨大なアメリカ杉のある森林地帯のミュアへ向かう。あの有名な金門橋も渡ってみた。

国家天然記念物のミュア森林は、直径四メートルから五メートルというすばらしい大木の林が連なっている。樹種は日本の杉と違い、葉はモミの葉に似ていた。樹齢は二千五百年くらいのものが多いと説明してくれた。

三十日、ヨセミテ国立公園に向かった。川、森林、山岳、大滝等が調和した公園として有名なところである。途中で通過した長さ一三キロ、幅六車線という巨大な橋があった。最近完成したものだそうである。

山岳はすべて岩石であり、大滝の最大なものは八〇〇メートルの高さから飛沫をあげて落下しており、その光景は実にものすごい迫力があった。夜は園内のホテルに宿泊したが、ここではホテルの建物と別に点々と宿舎があり、別荘式というのか定員二名の別棟になっており、あっちの岩陰、こっちの石の上と散らばっているから割り当てが大変である。もっとも老人一行の団体扱いは予想外のものであったと、後から気がついた。

七月一日、午前中同公園内を見学し、午後から郊外のオックスナードへ出かけ宿泊した。

二日、船に乗り、太平洋に浮かぶチャネル島へ向かう。国家天然記念物海中公園となっている小さな島である。海鳥の棲み家であり、島にある山は鳥の巣でできているといわれ、新雪の降ったように真っ白で、海の岩には百頭余のオットセイの群れが見えた。

チャネル島に近づき母船をおり、小舟に乗って島へ渡り、昼食後に海岸へ出て見物する。先刻、船中から見おろす海面一帯に、大きな幅のコンブが覆いつくしていた。飛び込んでも沈まずその上で昼寝さえできるであろう。また沈んだらコンブのジャングルで、永久に浮いてこないだろうなどと話し合っていたそのコンブが、一面に海岸に打ち上げられている。その長さは二〇メートルから三〇メートルもある巨大なもので、これには驚いた。コンブの間に挟まれた妙なものを見付けたので、よく見ると、打ち上げられたくらげであった。これまた想像もしなかった大きなもので、試みに持ち上げようとしたが、重くて私の力ぐらいではダメであった。水中で広げたら洋傘ぐらいの大きさはあるだろう。この海岸の小石のきれいなことも珍しいもので、メノウをバラ撒いたようであった。

三日、オックスナードを出てディズニーランドを視察し、ロス空港へ着いたのが十五時過ぎで、ここから空の旅となり、ホノルル空港に着いたのが十八時十分であった。

四日、市内見学で印象に残ったのは、イルカの曲芸であった。合図によって五頭のイルカが、一度に空中へ三メートルも飛び上がり、目標の品物を口で取る。ボールの色分けをする。先にバンクーバーで鯨の曲芸というのを見たが、これは大きいのでものすごく迫力があった。六メートルもある二頭の鯨が八メートルほどまでも飛び上がり、二頭で駆け回る時は池の水もからになるくらいの波が飛んだ。こんな動物でも、訓練次第では人の言葉を聞き分け、色彩を見分け、数まで知っているとは驚き入った。山岳ばかりに生活していると、海の世界のいろいろのことは、全く珍しいことばかりである。

五日、ハワイ島のコナにいった。ハワイ群島は火山の島であることはご存じの通りであるが、活火山はキラウエアで国立公園になっている。この活火山は溶岩も噴き出して海へ流出している。ハワイ群島は大噴火のたびに島の面積が広くなっていくそうである。その噴火の模様を見たり写したりの観光客が、大噴火ともなれば押しかけてきて、ホテルは満員になるのだという。

六日、ハワイ島のヒロ空港をたち、ホノルルに戻り、ここの通称免税店と称する、制限内ならすべて免税となっている特別の商店で買い物をする。昼食は回転レストランへはいってみた。回転してくる料理でおいしそうなものを取って食べる方式だ。夕食は日本料理でサヨナラ・パーティーとなり、久し振りに満腹した。

七日、ホノルル空港を午前十一時三十分、日航機七一便のジャンボ機に乗り込んだ。途中、日付変更線があるので所要時間七時間五十五分であったが、羽田空港へ着陸したのが翌七月八日の午後二時二十五分であった。

## 流葉ロッヂをつくる

この町営流葉スキー場は、飛驒の山々が重なり合っているど真ん中にあり、標高は一四二二メートル、頂上からの長いツアーコースを、景観とスリルを満喫しながら一気に滑降するのは爽快の一語に尽きる。

積雪量豊かだし、雪質もよいので、土地の人たちには早くから知られて利用されていたが、交通の便が少し悪いので、遠くから人が来るというのではなかった。しかし国道41号線ができて、高山線の飛驒古川から神岡線の飛驒船津までりっぱな道路で結ばれると、とたんに名古屋、岐阜、大阪、富山からスキーヤーがどっと繰り込んできて、四十一年のシーズンには十五万人の人出があった。

私は以前から、槍ヶ岳山荘の穂苅さんや西穂の村上さんが、白馬山麓の八方にロッジを経営して、夏山の従業員の冬の働き場としておられるのをみて、自分も穂高岳山荘で夏シーズン、手伝ってくれる人々を冬の間、適当なところで仕事させてあげたいと思っていた。そして神岡に近いこの流葉こそ、スキー・ロッジを建設して冬の仕事場にするには絶好の場所とかねがね考えていた。

そこで中央大学に在学中から、山荘のアルバイトをしてくれていた兄の孫・英雄（長兄・金次郎の長女の四男）が四十一年春、卒業したのを機会に、私の家にはいってもらい、養子にして流葉につくるロッジの経営にあたってもらうことに決めていたのである。ここで英雄を養子にすると申したのは、実はつぎのようないきさつがある。

私は子宝に恵まれなかったので、はじめ私になついていた兄の子・広勝をもらって育てていた。ところが高山の中学二年のとき喀血《かっけつ》して、終戦後、療養のかいなく十九のときなくしてしまった。広勝一人では寂しいだろうというので、その妹の千代子も育てていたが、これも八歳の八月、突然の高熱に襲われ死なせてしまった。そこでなくなった広勝の弟の明男にきてもらったが、いかにもひ弱だったので帰し、兄の孫娘にあたる紀美子（当時二歳）をもらったのである。そのときはもう二十一歳になり、東京の東洋短期大学に通っていた。

この紀美子に、ゆくゆくは婿をとって山荘を継いでもらおうと考えていたのだが、よく話し合った結果、娘の自由にさせることにして、ずっと私を手伝ってくれて気心の知れた、紀美子の兄の英雄をさらに養子に迎えて、四十二年五月、跡継ぎとすることにしたわけである。

どうせ新しくつくるロッジなら、うんとモダンで、使いよく、気分のいいものをつくろうという提案で、いろいろ設計が練られ、このスキー場では初の鉄筋コンクリート二階建て、定員八十人の「流葉ロッヂ」最終案がまとまったのは、四十二年春だった。

建築材料は私の山林のものを使えばよいから楽である。

「ヨーロッパ・アルプスへ行ったら、本場の山小屋のいいところをよく見てきて、どんどん言ってくださいね」

と出発前にいわれて、

「ああ、いいよ」

と答えたものの、向こうのロッジ、ヒュッテは金のかけかたが違うし、あの大きなスケールの中に調和させたものだけに、そのまますぐに取り入れられるものではない。しかしその小ざっぱりした味、お客へのサービス、行き届いた設備というものにはまったく感心させられたので、帰ってさっそく報告した。そのうちの何分の一かは、流葉ロッヂに生かされている。

そのうち、四十四年二月の第二十四回国体の、冬季大会スキー競技場に選ばれるとのニュースが伝わり、流葉は大いに張り切った。ゲレンデやコースの整備、リフトの増設がはかられると同時に、民宿や食堂、寄宿舎、ロッジなどの受け入れ態勢の強化がはじめられた。私としては、まさにタイムリーだったわけで、おかげで工事は順調に進み、四十二年のシーズンにはいってすぐ、十二月十六日に完工式をあげることができた。

山の仲間が多勢、お祝いに見えられ、

「重さんもとうとう、夏と冬を動き回るようになったね。ますます旺《さか》んで結構なことだ」

などと冷やかされてしまった。しかしみな心から喜んで下さったことを深謝いたします。

町営流葉スキー場は、第二十四回国体冬季大会を無事終えて、現在さらに発展をみせ、リフトの数は七線、近くに県営の七〇メートル級ジャンプ台もあり、約三十万人のスキーヤーが訪れる。

ＳＡＪ公認の指導員二十八名をかかえるスキー学校（受講料半日六百円、一日一千円）もあり、十二月中旬から四月上旬まで開かれているので、ぜひ一度、来場されることをおすすめします。

## 娘をなくして

さて、さきに東京の短期大学に通っていた娘の話をしたが、なにしろ紀美子は二歳から私たちが育てていたので、実のわが子とまったく変わらなかったといってよい。

紀美子は四歳の初夏から、白出沢を、私たち夫婦がかわるがわる背負って登り、夏シーズンを穂高の小屋で過ごすことになった。もちろん七歳ごろからは自力で登れるようになり、私がいわゆる「重太郎新道」をつくった昭和二十六年、家内とともにこれを登って、安全性を証明してくれた。新道登山第一号の一人である。

私が山のため、微力を尽くしていることをよく理解して、非常に山を愛してくれた。神岡中学三年のころになると、ザイルをもって岩登りもするようになった。夏休み中は、何人かの友人を連れて山荘へ案内し「本ガイドになろうか」ともいうようになった。

これに対して私も、べつにとめもしないし、またことさらすすめることもしなかったが、ゆくゆくは山荘をまかしてもよい、と考えていた。とにかく丈夫で、学校はほとんど休まず、運動、とくにソフトボールが好きな子だったが、山荘での登山客の応

対もしっかりしていて、

「おフロを早くわかしてくれない？」

「クリーニングしてくれない？」

という山小屋をホテルと間違えたような人に対しては、

「ここから四、五時間おりれば、上高地というお客様向きのところがありますよ。そこでお願いします」

と皮肉まじりに答えるのを聞いたことがある。私たちがいうとトゲが出ることも、娘にいわれるとそれほどきつくならないのは、こういう山小屋にとって大切なことだった。

だから親の私がいうのも変だが、穂高岳山荘のマスコット的存在になった。船津高校三年のとき、アメリカ兵が四人、山荘にやってきてパンがなくて困っていたとき、すぐさま顔なじみの登山者の間をかけずりまわり、フランスパンを徴集して食事に出した。アメリカ兵たちは大喜びして、心からみなに礼をいい、ときならぬ日米交歓となったが、これも娘が山男たちに好かれていたからこそできたのだと思う。

そのうち、東京の短大に行きたいといい出したので、それもよかろうと東京へやらせたが、どうも将来、山荘の経営はあまり自信がないという。そこで話し合った結果、山荘のアルバイトもして気心のよく知れた、紀美子の兄英雄に養子にきてもらうことに決めたのである。

紀美子はその後、東洋短期大を卒業して、池坊学園華道文化研究所に進んだが、それを終えて四十三年から夏は穂高岳山荘、冬は流葉ロッヂの手伝いをしてくれるようになった。相変わらずの元気な勤めぶりに、私たちはホッとしていた矢先、とんでもないことになろうとは、神ならぬ身の知る由もなかった。

それは去る四十五年の六月、私がアメリカ、カナダ、ハワイへの旅行をしたが、そのとき東京まで送ってもらい、なんの異常も感じとれなかった。しかし私が向こうに滞在中、腹の痛みを訴えるようになった。胃ケイレンでも腸炎でもないというので、痛み止めを服用しはじめたという。

それでも私が、七月頭に帰国したときは、高山駅まで迎えにきてくれた。心なしかやつれてみえたので、腹痛のことをきくと、

「ときどき痛むけれど、薬を飲めばしばらくいい」

という。とにかく早くなおさなければと専門医の門をたたいて回った。夏の訪れとともにやや好転したのでやれやれと穂高岳山荘に入山させたところまたもや腹痛に襲われたのである。

こういった医療設備の弱い山荘で、万一のことがあってはと、すぐに下山させて医者にみせた。ところが「膵臓《すいぞう》炎」という診断であった。「膵臓炎」といっても、急性のものであり、ともすると「膵臓壊死《えし》」になりかねないという。これは膵臓が分泌するたんぱく分解酵素トリプシンで膵臓自身が消化される、つまり溶けてゆく恐ろしい病気だそうである。

さっそく、八月七日に金沢大学病院へ入院させたが、検査また検査でなかなかはかどらない。その間、紀美子は痛みながら日一日と衰弱していくのであった。付きそってまんじりともせず、これを見ている私たちのつらさをご推察いただきたい。内科から外科へ回され、手術の必要ありと診断されたが、また検査の連続である。すでに紀美子は、痛み止めの薬も効かないありさまとなり、食事もとれないまま、しだいに衰えてゆく。

八月末日、ついに開腹手術、その三日目、看病疲れでまどろんでいた私の耳に、

「危篤状態です」

という看護婦さんの声が飛び込んできた。やせおとろえた紀美子は、すでに意識も途切れがち、もう手のほどこしようもないありさまだった。

翌九月四日、ついに紀美子は息を引きとった。

なんというむごいこと。なぜ私の娘を、このような病気で奪われなければならなかったのか。これが運命とはいえ、あまりの悲しさにぼう然自失の体であった。それからしばらくは、どんな仕事も手につかなかった。

穂高とともに育った紀美子は、まことの山の娘だった。穂高への山道の一つ一つに、娘の足跡が印されている。それにもまして、山荘に、わが家に与えた潤いは大きかった。紀美子は私の生きがいだった。これからもながく、山を守ってくれるはずだったのに……。

〝覆水盆に還らず〟いまさら何を悔やんでもいたしかたないが、「膵臓壊死」という病のもっと早い発見がなされていれば、まだ手の施しようがあったろうと思う。痛恨の極みであった。

## 穂高五十年へ

今年昭和四十八年は〝穂高五十年〟を迎えることになりました。二十八年の〝穂高三十年〟と、三十八年の〝穂高四十年〟のときは、その記念品として別製の「さかずき」を小屋に宿泊の方々に呈上した。

ふつう記念としてはペナントとかバッジ、手ぬぐいの類なので、「さかずき」を考えたわけだが、意外に登山客のみなさんに喜ばれたようである。それで五十年記念には、また何かいい記念をと考えた末、穂高を中心とした各ルートの詳細な図面で来山される人々の、ほんとうの指針となるものを作ろうと、実測に着手しました。距離はもちろん、一つの岩、一つの高低までも判るものを心掛けたが困難な仕事で、ようやく出来上がったのが「槍穂高連峰詳細図」であります。

本年度の山荘宿泊者、関係者には記念品として贈呈しており、喜ばれているのは幸いです。

私はまだまだ山に登りつづけるつもりだ。しかし、持病となった神経痛が、いつまた悪化するかもわからず、そろそろ息子の英雄夫婦に引き継ぐことを考えている。北アルプスの小屋多しといえども、一代目が相変わらず経営しているところはなくなった。みな二代目、あるいは三代目にはいっているのに、私だけまだやっているとは、われながら「よくもここまでやってきた」と思う。

人は「しぶといやつだ」と言うかもしれないが、私は山登りにしてもまた酒を飲むにしても、無茶なことはしなかったし、控え目だったことが長続きしたことの最大の原因ではないだろうか。ここで人生哲学などを語るつもりは毛頭ないが、私の性質として〝太く短く〟より〝細く長く〟が合っていると思ったので、それに逆らわずやってきたわけである。

寄稿

# 「重太郎さん」

日本山岳会評議員
加藤泰安

穂高小屋。なつかしい山小屋である。何年前に建ったかは覚えていない。昭和二、三年ごろはじめて訪れた時は七、八坪の小さな小屋だった。その後、鞍部の反対側に別棟が増築されて収容人員もだいぶふえたが、それでもすし詰めにして二、三十人ぐらいの小屋だったと思う。

その後、春に登山者の不注意から全焼したが、だんだん大きな山小屋になってきている。

五年ほど前「重太郎さん」に会った時の話では現在は収容五百人を越えると聞き、あのやせ尾根の鞍部にいったいどんな工夫をして建てたのか想像もつかない。

私が「重太郎さん」に会ったころは彼はもう山案内人というよりも、すっかり山小屋のオヤジにおさまっていた。

涸沢の岩小屋やテントから、滝谷や白出沢、ジャンダルムの飛騨尾根に登ったあと、足はいつのまにか小屋に向かってしまう。そのころはお客も少なく、「重太郎さん」の顔を見て帰るのはほんとに楽しかった。彼はいつでもニコニコして私を迎えてくれた。話をしているうちに涸沢に帰るのがめんどうくさくなり、彼にすすめられるままに、ただで泊めてもらったこともたびたびだった。小屋から夏路を下るより、雪渓をグリセードで下るほうが早いので、ピッケルの代わりに貴重な薪をくすねて下ることもあった。後日、下から薪を拾ってかえすと、

「ヤー、コソ泥が利子をつけてきたな。ごほうびにお茶でも入れようか」

と、いつもの笑顔で迎えてくれるのだった。彼が山案内人をしていたころの話は、いつ聞いてもおもしろかったし、私のえがたい勉強でもあった。

大島亮吉さんの遺体捜索したときのお礼として、慶大OBからいただいた「ビヨレンシュタット」のピッケルが自慢で、大切にしていた。たまたま、私も「ビヨレンシュタット」を使っていたが、

「オメーのは買ったもんだ、オレのはいただいたもんだ、値うちが違うよ。だけどこれはいいピッケルだ、大事にしなよ」

とそのころの話をきかせてくれた。私に焼酎を教えてくれたのも彼である。ある日、

「うまいものを飲ませてやるからちょっときな」

と彼の小さな個室で飲まされたとき、私は強い酒に飛び上がった。彼は大笑いして、

「こんなに安くてうまい酒はないよ。ブランデーやウイスキーはうまいかもしれないが高いだろう。それに焼酎は怪我をしたときの消毒にも使えるよ。これから焼酎にしな」

その晩、私は彼の部屋でぶっ倒れてしまった。もちろんそのころは、国産のウイスキーもブランデーもないころだった。それからしばらくの間、私も焼酎党になった。

彼に一度、完全にいっぱいくわされたことがある。もちろん悪意ではなく、彼一流のいたずらである。

「白出沢にうまいものがあるんだが、いっしょに行かないかい」

うまいものと聞けば、何をおいてもとびだす食いしん坊の私だ。ガロン罐《かん》二つと天秤《てんびん》棒を持って、二人でおりていった。ところが、うまいものといったのは実は水汲みだった。晴天が続いた上、人夫が里におりて水に困った彼の計略に、見事にひっかかった。文句をいう私に、

「オメー、山で水がいちばんうまいと思わないかい」

まるでいたずらが成功したときの子供のように、顔中をくしゃくしゃにして大笑いした彼の顔を、私は今でもきのうのように思いだす。

昭和八年ごろだったか、秩父宮ご夫妻が上高地に来られた。槍―穂高を縦走された当時の話のうちに、重太郎はどうしているだろうか、会いたいな、というお言葉がでた。人夫を雇って呼びに行く手はあるが、山小屋で忙しい彼を上高地まで呼ぶのは気の毒だというお心づかいがありありとおみうけできた。

翌日はまだ新婚早々の妃殿下と、岳沢のどんづまりまで登られる予定である。私はとっさにどうしても「重太郎さん」にお会わせしたいという気持ちが抑えられなかった。私が行けば、正式のお召しということにはならない。彼にもその気持ちはわかるはずである。宮さまご夫妻が岳沢の奥に着かれるのは昼ごろのはずである。じゅうぶん間にあう。明け方、私はこっそりと上高地をたち、穂高小屋までほとんど走るように駆け登った。

小屋について「重太郎さん」に話をしたら、彼はほんとにうれしそうに、

「よく知らせてくれたな、宮さまはお嫁さんも連れてくるのかね」

というやいなや、そわそわと「ビヨレンシュタット」を持つなり小屋を飛び出し、岳沢へ駆けおりて行った。私はなんだかさしでがましいことをしたような気がして、涸

沢を下ってゆっくり上高地に帰ったので、会われた時のことは知らなかったが、先日、妃殿下にお目にかかったとき、たまたまその折りのお話がでた。

「会われたときはお二人ともほんとに楽しそうだったし、重太郎さんという人もほんとにいい人ですね」

といわれ、これで大食だった殿下のお弁当をかすめ「欠食児童」という仇名《あだな》をつけられたおわびを果たしたおもいがしたことである。

五年前の春、西穂高に登った帰途、小鍋谷を下り、蒲田に泊まり、神岡から岐阜にでた。久方振りで「重太郎さん」に会いたいと連絡しておいたが、彼の都合がつかないらしく蒲田には来ていなかった。せっかく楽しみにしていた機会を逸してがっかりしたが、バスが神岡に着いたとたん、降車口の前に矍鑠《かくしやく》とした満面に笑みをたたえたなつかしい彼を見いだした。

彼の面影も、心も、昔と少しも変わっていない。岐阜行のバスがすぐ出るというのだが、彼は頑《がん》として乗せてくれない。とうとう、近所の小料理屋に引きずり込まれてしまった。

三十年振りの再会である。つもる話はつきない。彼はつくづく昔の山小屋をなつかしみ、その当時の悪童どもをなつかしんでいた。

「昔の山小屋は楽しかったよ。来る人はたいてい名前も顔も覚えたが、五百人ではどうしようもないよ。小屋の経営はそれぞれの人がやってくれるから、ワシは何もすることはありゃーしない。儲け仕事はつまらないもんだね。昔は苦しかったが、その貧乏も今となってはなつかしいもんだ。だけどワシは、動けなくなるまで穂高小屋には登るつもりだよ、穂高はワシたちの山だもんな」

徳利《とっくり》が何本か倒れ、ぜひ神岡に泊まってくれといわれたが、はずせない予定のため残念ながら最終のバスにやっとよろめき込んだ。満員のバスに立ちっぱなしでの岐阜まではほんとにつらかったが、彼との久々の話が、彼の面影が私をささえてくれた。彼もことしは七十五歳になったと聞く。そして、ことしも今ごろは「ビヨレンシュタット」を持って穂高小屋に登り、峰々のたたずまいを楽しんでいることだろう。

（昭和四十六年七月記）

# 今田重太郎年譜

| | | |
|---|---|---|
| 一八九八 | 明治三一 | 十二月十四日、岐阜県吉城郡上宝村大字神坂字蒲田温泉に生まれる。 |
| 一九一四 | 大正　三 | 十六歳、在郷軍人等と初めて槍ヶ岳へ登る。 |
| 一九一六 | 〃　五 | 十八歳、内野常次郎とともに笠ヶ岳、双六岳へ登る。 |
| 一九一八 | 〃　七 | 二十歳、単独のガイドとして穴毛谷コースから笠ヶ岳に登る。 |
| 一九二〇 | 〃　九 | 二十二歳、蒲田川大氾濫し、蒲田温泉が流失・全滅する。このとき濁流の中より薬師尊像を救いあげる。 |
| 一九二二 | 〃　一一 | 二十四歳、殺生小屋の槍、穂高岳方面専属ガイドとなる。 |
| 一九二三 | 〃　一二 | 二十五歳、穂高連峰の稜線に避難小屋の必要性を痛感し、実地調査に着手する。 |
| 一九二四 | 〃　一三 | 二十六歳、八月二十日、奥穂高白出のコルに位置を設定、石室を造り穂高小屋の基盤をつくる。この年、松本営林署で涸沢までと岳川一枚岩まで登山道を開く。 |
| 一九二五 | 〃　一四 | 二十七歳、飛騨側に穂高小屋一棟が完成する。涸沢より小屋まで、岳川一枚岩より前穂、奥穂を経て小屋までの登山道を急設する。 |
| 一九二六 | 〃　一五 | 二十八歳、信州側に別棟が完成する。十一月三日、父長右衛門が死去。 |
| 一九二七 | 昭和　二 | 二十九歳、八月二十三日より一週間、秩父宮様の穂高—槍—笠ご縦走のガイドとして、内野常次郎らとともに奉仕する。宮様は穂高小屋に二泊される。内方まきと結婚し神岡町に居住する。 |

| | | |
|---|---|---|
| 一九二八 | 〃 三 | 三十歳、縦走路中の岩の悪場にクサリをつけ、ケルンを積み、ペンキの道しるべを記す。慶大OBの大島亮吉が前穂北尾根で遭難、捜索に当たる。 |
| 一九二九 | 〃 四 | 三十一歳、穂高小屋飛驒側棟を改築。奥穂高山頂に「穂高神社」の小社を置く。 |
| 一九三〇 | 〃 五 | 三十二歳、神岡町にスキーの製造工場を有志とはじめる。当時の宿泊料一円八十銭。 |
| 一九三四 | 〃 九 | 三十六歳、秩父宮様が節子妃殿下を伴って上高地にはいられ、ご夫妻をお迎えして岳沢にご案内する。 |
| 一九三六 | 〃 一一 | 三十八歳、六月十八日、飛驒側棟が登山客の失火により焼失。七月にはバラックの仮小屋ができる。 |
| 一九三七 | 〃 一二 | 三十九歳、飛驒側小屋の骨組みのみ仕上げ、吹雪のため下山する。日中戦争始まる。 |
| 一九三八 | 〃 一三 | 四十歳、飛驒側小屋再建。 |
| 一九三九 | 〃 一四 | 四十一歳、名古屋医大が航空医学研究を五か年計画で始める。 |
| 一九四一 | 〃 一六 | 四十三歳、奥穂高山頂に大ケルンを積みはじめる。太平洋戦争始まる。 |
| 一九四五 | 〃 二〇 | 四十七歳、五月、徴用令状を受け各務ヶ原の飛行機格納庫工事に従事する。この年の登山者二名のみ、登山道の荒廃はなはだし。八月十五日終戦。 |
| 一九四九 | 〃 二四 | 五十一歳、十二月十一日、内野常次郎死去。 |
| 一九五〇 | 〃 二五 | 五十二歳、奥穂高山頂の大ケルンが十年の歳月を経て完成。 |
| 一九五一 | 〃 二六 | 五十三歳、岳沢より前穂高登山道のうち一枚岩の難所を避けた二キロメートルの新道（重太郎新道）をつくる。十一月十三日、母死去。 |

| | | |
|---|---|---|
| 一九五二 | 〃 二七 | 五十四歳、岐阜県神岡町より文化賞を受ける。 |
| 一九五三 | 〃 二八 | 五十五歳、一月四日、秩父宮様薨去。穂高三十年記念。 |
| 一九五五 | 〃 三〇 | 五十七歳、涸沢より穂高小屋までの道を大改修する。 |
| 一九五六 | 〃 三一 | 五十八歳、北陸電力工事のため飛驒側柳谷まで車道が延長される。 |
| 一九五七 | 〃 三二 | 五十九歳、飛驒側棟の大増改築に取りかかり、九月中旬大吹雪の中で骨組みまで終える。信州側棟を取り壊し冬期小屋を建てる。記録映画『穂高に生きる』撮影。 |
| 一九五八 | 〃 三三 | 六十歳、穂高小屋の増改築が完了し「穂高岳山荘」と改称する。神岡町山岳会より「穂高岳山荘」の大看板を贈られる。<br>奥穂吊尾根に鉄ばしごを取り付ける。柳谷に荷継小屋を建てる。東京で映画『穂高に生きる』発表会あり、岳人多数の歓迎を受ける。 |
| 一九六〇 | 〃 三五 | 六十二歳、白出沢登山道の悪場をのけ、岩壁二〇〇メートルをえぐり取り幅六〇センチの道を造る。野中鳴雪さんより「穂高岳山荘」の看板文字を贈られる。 |
| 一九六一 | 〃 三六 | 六十三歳、風力発電機を設置する。神岡町の自宅を新築する。涸沢岳の大雪渓の下に水源地を見出し、水道を引いて天命水と命名する。七月二十日、読売新聞主催第一回夏の立山大集会において山の功労者として表彰され、同日厚生大臣より感謝状を受ける。 |
| 一九六二 | 〃 三七 | 六十四歳、風力発電機一基を増設する。 |
| 一九六三 | 〃 三八 | 六十五歳、穂高岳山荘四十年記念を催し、日本山岳会より松方前会長、日高現会長 |

| | | |
|---|---|---|
| | | ほか多数参集される。奥穂高岳山頂に、展望図をはめ込んだ展望台を設置する。 |
| 一九六四 | 〃　三九 | 六十六歳、ヘリコプターによる荷上げはじまる。ヘリポートは千野川原で運賃一トン五万円也。 |
| 一九六五 | 〃　四〇 | 六十七歳、国体山岳競技を控え、飛騨側登山道の大改修を行なう。岐阜県より観光功労賞を受ける。 |
| 一九六六 | 〃　四一 | 六十八蔵、ボイラー、火力発電機、洗濯機等大型機械の荷揚げをする。白出沢出合まで車道が延長される。 |
| 一九六七 | 〃　四二 | 六十九歳、風力発電機を廃止する。六月二十日より約一か月間、ヨーロッパ・アルプスを視察する。流葉スキー場に流葉ロッヂを建築する。 |
| 一九六九 | 〃　四四 | 七十一歳、白出沢出合に荷継小屋建築。九月二日、地震のため奥穂岩壁が大崩落し、白出沢登山道を埋める。 |
| 一九七〇 | 〃　四五 | 七十二歳、冬期小屋を改修移転する。カナダ、アメリカへ一か月国立公園を視察旅行。北アルプス南部地区山岳遭難防止対策協議会より、功を表彰される。九月四日、娘紀美子死去。 |
| 一九七二 | 〃　四七 | 七十四歳、北アルプス美化の会より表彰される。 |
| 一九七三 | 〃　四八 | 穂高岳山荘五十周年。記念として宿泊者に「槍穂高連峰詳細図」を贈呈。この地図の中で「紀美子平」を命名する。読売新聞社から『穂高に生きる』を出版。重太郎はこの年に引退、今田英雄が二代目就任。 |
| 一九九三 | 平成　五 | 穂高岳山荘七十周年。八月三十一日、重太郎永眠（享年九十四）。 |

あとがきに代えて

# そして、未来の山小屋へ

わたしが父の英雄に連れられて初めて穂高岳山荘を訪れたのは、幼稚園の年長の夏休み、五歳の時でした。当時の山荘スタッフの背負うザックから顔を出して揺られながら涸沢に着くと、同い年ぐらいの男の子が歩いており、「わたしだって自分でも歩けるのに」と思った記憶があります。

重太郎の養女で、英雄の実妹の紀美子さんのことが、この『穂高に生きる』にも書かれてあります。祖母と幼い紀美子さんに「重太郎新道」の初歩行を任せ、自分は先に下るシーン、みんなどんな気持ちだったのかな、と読むたびに想像してしまいます。「紀美子平」を初めて訪れた時には駆け回る幼い紀美子さんを思い、しばらく眺めていました。

わたしには、若くして病でこの世を去ってしまった紀美子さんのことをいつも意識する時期がありました。

ある日、紀美子さんが山荘で働いていた頃の新聞記事が自宅の蔵から出てきました。わたしも、父の跡を継ぎ間もない頃でしたので、若い女性の山小屋主人として取り上げられたりもして、「ああ同じような感じだったのだな」と思いながら読むと、「山小屋を明るく清潔にして、穂高を訪れる人をあたたかく迎えたい」と、五十年以上前に紀美子さんもわたしと同じように考えていることに非常に親近感を覚えたものです。

父は妹を大切に思い、妹のために山荘に入ったという面もあります（直接そうと聞いたわけではありませんが）。紀美子さんはさっぱりとした性格で、服装のセンスもよく、素敵な人だったそうです。本文にも出てくるとおり、登山者の方たちへの対応も抜群で、そんな紀美子さんが山荘の経営をためらったこと、その後早くに亡くなってしまったことは、重太郎にも父にもどんなに悲しいことだったでしょう。

一人娘のわたしは山荘の跡を継ぐことに疑問を感じたことはほとんどありませんが、あるとき父が言っていたことがあります。「紀美子の時代は、山小屋での生活は女の子には厳しいものだった」。電気もなく、今ほど暖もとれず、接客以外の仕事は力仕事だった時代には、下界での暮らしと比べるとやはり体への負担が大きかったのかもしれません。

母の敏子も山荘での生活の影響もあって体がしんどかったようです。わたしが知る神岡での母は、亡くなるほんの少し前まで元気そのものでしたが、やはりぽつりと「大変だったのよ〜」と言うこともありました。

わたしが夏休みに山荘を訪れるようになった頃には、山小屋暮らしにほとんど不都合は感じませんでした。これは今思えば、紀美子さんや母を見ていた父の努力のひとつの成果だったのだと思います。


あの場所に山荘を建て、ひとつの世界をゼロから築き、穂高を愛する人のためにと労力を惜しまず働いて、商いがうまくいってからもずっと節約と質実剛健で生きてきた祖父と祖母。紀美子さんや母のことを思いながら、スタッフや登山者のためにも自分の理想のためにも山荘の現代化をすすめてきた父。そんな頑固者たちの間で時には板挟みになりながら、一生懸命に山荘と家庭のやりくりをして台所を守ってきた母。ほんとうに今でも頭が上がりません。

そして、この本に出てくるとおり、山荘に協力してくださったり、関わってくださったりした多くの方々がいらっしゃいます。歴代のスタッフは何百人、アルバイトなども含めると何千人になるのでしょうか。祖父の時代、父の時代、そして現在と、ご縁があって一緒にこの山小屋を守る仲間があって、現在の山荘があります。

登山道の修繕や山荘の方針など、判断に迷うこともあります。そんな時は、ゼロから作った今田重太郎のことを思い起こすことにしています。彼が百年前に小屋を建て、登山道を拓いて、山小屋事業を立ち上げたとき、それはとても斬新なことだったはずです。

わたしが物心ついた頃にはすでに老いていて、直接この頃のことを聞けなかったのが残念でなりません。

きっと当時は「そんなことはできないだろう」「実現しないだろう」と言われたこともあったでしょう。それでも作り上げ、育て上げてきた穂高小屋と穂高の登山道。それを思うと、新しいことを恐れずに、山を愛する気持ちを大切に、その二つを間違えなければ大丈夫だと、気持ちを引き締めて決断することができます。

今、わたしたちがクレジットカードやSuica決済、インターネット予約など毎年新しいことを取り入れるのも、「穂高に来たい！と思った人に、安全に登って帰って欲しい」という同じ思いです。

コロナ対策をきっかけに山小屋にも変化が訪れ、どの小屋も試行錯誤のことと思います。いっぽう、長く続いたステイホームで、アウトドアや登山への欲求が高まり、新しく興味を持つ人の姿も見られるようです。

相部屋の過混雑など、山小屋ではこれまで当たり前とされてきたことが、新しく来る人が登山を続けない理由になってはいけないのかもしれません。

私の夫はもともと山を知らない人間だったのですが、彼が初めて山小屋に来てマイナスの意味で驚いたことを、少しずつなくしていこうというのが今取り組んでいることのひとつです。新しい来訪者にも良い意味で驚いてもらえ、山行の思い出の良い面の一部となれるように、これからも頑張っていかなくてはいけません。

二〇二三年、穂高岳山荘は百周年を迎えます。穂高を愛するすべての人たちのために、祖父が少しずつ耕して父が受け継いだこの場所を、次の百年のため、穂高に生きた今田重太郎の魂はそのままに、また新しい種を植え、育てていきたいと思っています。

最後に、今回ヤマケイ文庫にて本書を復刊いただくにあたり、多大なるご尽力をいただいた担当の大畑様はじめ山と溪谷社の皆様に、深く感謝を申し上げます。

令和四年一月七日

穂高岳山荘　三代目　今田 恵

# 穂高に生きる　五十年の回想記

二〇二二年三月二〇日　初版第一刷発行

著者　今田重太郎
発行人　川崎深雪
発行所　株式会社　山と溪谷社
郵便番号　一〇一―〇〇五一
東京都千代田区神田神保町一丁目一〇五番地
https://www.yamakei.co.jp/

■乱丁・落丁のお問合せ先
山と溪谷社自動応答サービス　電話〇三―六八三七―五〇一八
受付時間／十時～十二時、十三時～十七時三十分（土日、祝日を除く）
■内容に関するお問合せ先
山と溪谷社　電話〇三―六七四四―一九〇〇（代表）
■書店・取次様からのご注文先
山と溪谷社受注センター　電話〇四八―四五八―三四五五
ファクス〇四八―四二一―〇五一三
■書店・取次様からのご注文以外のお問合せ先
eigyo@yamakei.co.jp

フォーマット・デザイン　岡本一宣デザイン事務所
印刷・製本　株式会社　暁印刷

＊定価はカバーに表示しております。

Printed in Japan ISBN 978-4-635-04936-8